KB242396

기억되는 브랜드는

브랜딩이 다르다

| 양이란 최형순 | 지음

기억되는 브랜드는
브랜딩이 다르다

초판 인쇄일 2026년 4월 30일
초판 발행일 2026년 4월 30일

지은이 양이란 | 최형순

펴낸이 장문정
펴낸곳 도서출판 그림책
디자인 이정순 / 정해경
출판등록 제2010-000001
주소 경기도 수원시 영통구 이의동 웰빙타운로 70
연락처 TEL070-4105-8439(010)2676-9912
E-mail : khbang21@naver.com

※ 잘못된 책은 바꿔 드립니다.
Published by 도서출판 그림책 Co. Ltd. Printed in Korea

기억되는 브랜드는
브랜딩이 다르다

| 양이란 최형순 | 지음

책을 펴내며

당신의 진심이 누군가의 기억이 되기까지

처음 창업을 결심했을 때를 기억하시나요? 세상을 조금 더 낫게 만들고 싶다는 거창한 꿈일 수도, 혹은 내가 사랑하는 일을 오랫동안 지속하고 싶다는 소박한 바람일 수도 있습니다. 하지만 막상 현실이라는 문을 열고 들어서면, 우리는 곧 거친 파도와 마주하게 됩니다.부족한 자본, 쏟아지는 경쟁자들, 그리고 좀처럼 마음을 열어주지 않는 고객들까지. 그 막막한 바다 위에서 길을 잃지 않도록 도와주는 나침반이 있다면, 그것은 바로 '브랜딩'일 것입니다.브랜딩, 어렵게 생각하지 마세요

많은 분이 브랜딩이라는 단어를 들으면 세련된 디자인이나 거창한 광고를 떠올리며 '여유가 생기면 나중에 해야 할 일'이라고 생각하곤 합니다. 하지만 저희가 이 책을 통해 전하고 싶은 이야기는 조금 다릅니다.브랜딩은 화려한 겉모습이 아니라, 당신이 매일 내리는 작은 '선택' 들이 모여 만들어지는 '진심의 결' 입니다. 고객의 머릿속에 "아, 그곳은 참 믿음직했지"라는 따뜻한 기억 한 조각을 남기는 일, 그것이 바로 브랜딩의 본질입니다.

이 책이 당신의 든든한 동료가 되기를 이 책은 딱딱한 이론을 가르치는 선생님보다는, 늦은 밤까지 함께 고민을 나누는 다정한 동료의 마음으로 쓰였습니다.초반부에는 브랜딩이 왜 우리의 생존 전략인지, 그리고 사람들의 마음속에 '기억'이 어떻게 자리 잡는지 나직하게 들려드립니다.

중반부에는 우리가 꿈꾸는 고객(페르소나)의 하루를 함께 상상해보고, 그들과 어떻게 진솔한 관계를 맺을지 고민합니다.

후반부에는 막막한 실전의 순간에 바로 꺼내 쓸 수 있는 구체적인 체크리스트와 실행 로드맵을 담았습니다.특히 각 장의 끝에 놓인 '설계 질문' 들은 잠시 숨을 고르며 당신의 브랜드를 가만히 들여다보는 시간을 선물해줄 것입니다.

당신의 걸음을 응원합니다.창업은 결국 나만의 정답을 찾아가는 과정입니다. 그 과정이 때로는 고단하고 외롭겠지만, 당신이 가진 진심에 '브랜딩'이라는 숨결을 불어넣는다면 그 진심은 반드시 누군가의 삶에 닿을 것입니다.

이 책의 마지막 장을 덮을 때쯤, 브랜딩이 더 이상 차가운 비즈니스 용어가 아니라 여러분의 꿈을 지켜주는 든든한 버팀목으로 느껴지기를 소망합니다.비바람 속에서도 꿋꿋하게 뿌리 내릴 당신의 아름다운 시작을 온 마음 다해 응원합니다.

- 양이란, 최형순 드림

차례

5장. 브랜딩을 위한 마케팅 전략

6장. 성장 이후, 다음 단계로 가는 선택

7장. 브랜딩 실전편 : 기획부터 실행까지

에필로그

1장

성공적 창업의
필수품 브랜딩

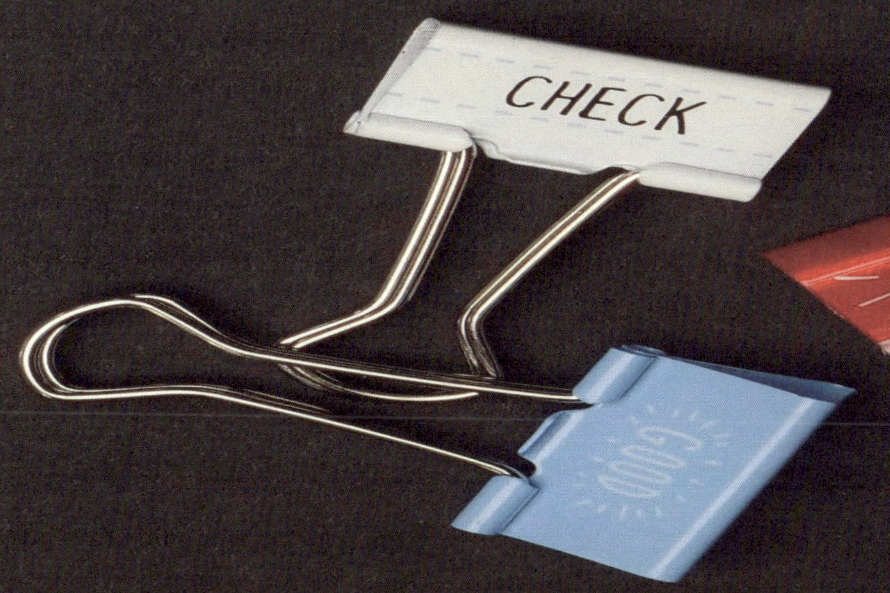

1. 브랜딩과 브랜드는 무엇이 다른가

오늘을 살아가는 우리는 브랜드 안에서 살아간다. 아침에 마시는 커피, 손에 쥔 스마트폰, 입고 있는 옷까지도 모두 브랜드의 선택의 결과다. 하지만 이렇게 브랜드와 함께 하루를 보내면서도, 정작 "브랜드란 무엇인가?"라는 질문 앞에서는 쉽게 말을 잇지 못한다. 더 나아가 브랜딩과 브랜드를 구분하라고 하면 많은 사람이 두 개념을 같은 의미로 받아들인다.

이 혼동은 단순한 용어 문제에서 끝나지 않는다. 특히 창업을 준비하거나 이미 사업을 시작한 사람에게 이 구분은 사업 방향 자체를 좌우하는 출발점이 된다. 브랜드를 이해하지 못한 채 시작한 사업은 결국 가격 경쟁과 광고 의존으로 흐르기 쉽고, 브랜딩을 모른 채 운영되는 브랜드는 오래 살아남기 어렵다.

광고비는 늘었는데 재구매는 늘지 않는다. 콘텐츠 반응은 좋은데 매출은 조용하다. 많은 기업이 이때 마케팅을 점검하지만, 실제로 점검해야 할 것은 브랜드의 기준이다.

먼저 브랜드부터 짚어보자. 브랜드는 기업이 만들어 놓은 로고나 이름 그 자체만을 의미하지 않는다. 브랜드란 소비자 마음속에 형성된 이미지와 인식의 총합이다. 어떤 이름을 들었을 때 자연스럽게 떠오르는 감정과 태도, 성격이 바로 브랜드다. 코카콜라를 떠올리면 '탄산음료'보다 '즐거움'과 '행복'이 먼저 연상되고, 애플을 떠올리면 '전자기기'보다 '혁신'과 '단순함'이 떠오르는 이유가 여기에 있다.

중요한 점은 이 인식이 기업이 일방적으로 정한다고 해서 만들어지지 않는다는 사실이다. 브랜드는 소비자가 경험을 통해 축적한 결과물이며, 시간이 지나면서 굳어지는 기억이다. 따라서 브랜드는 단기간에 완성되지 않는다. 수십 년, 길게는 백 년 이상 지속되는 브랜드들이 존재하는 이유도 바로 이 축적의 힘 때문이다.

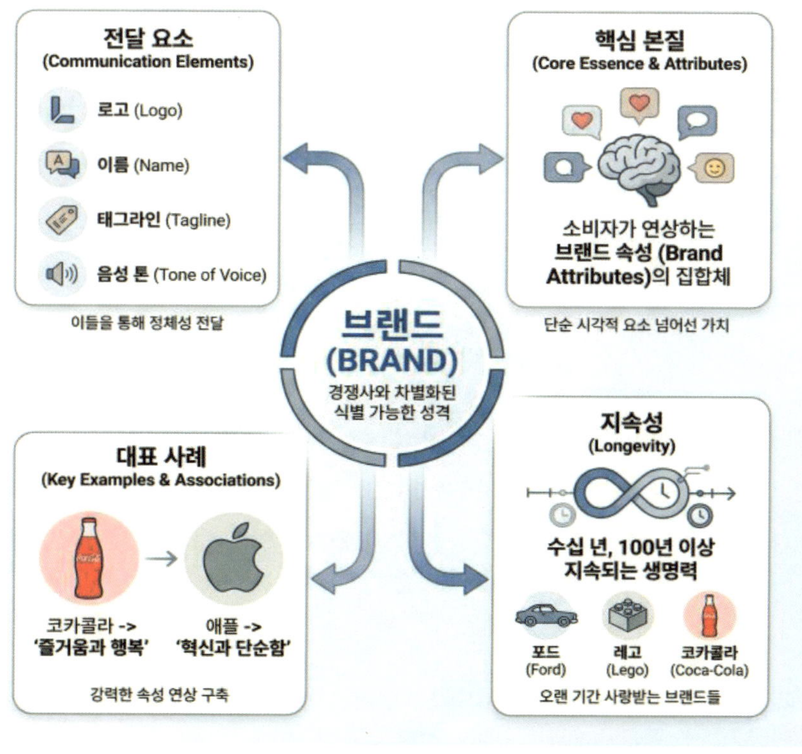

반면 브랜딩은 전혀 다른 개념이다. 브랜딩은 브랜드 이미지를 의도적으로 설계하고 만들어가는 모든 과정을 말한다. 어떤 가치를 중심에 둘 것인지, 어떤 태도로 고객과 소통할 것인지, 어떤 언어와 톤으로 이야기할 것인지 하나의 방향으로 정리하고 반복하는 전략적 활동이다.

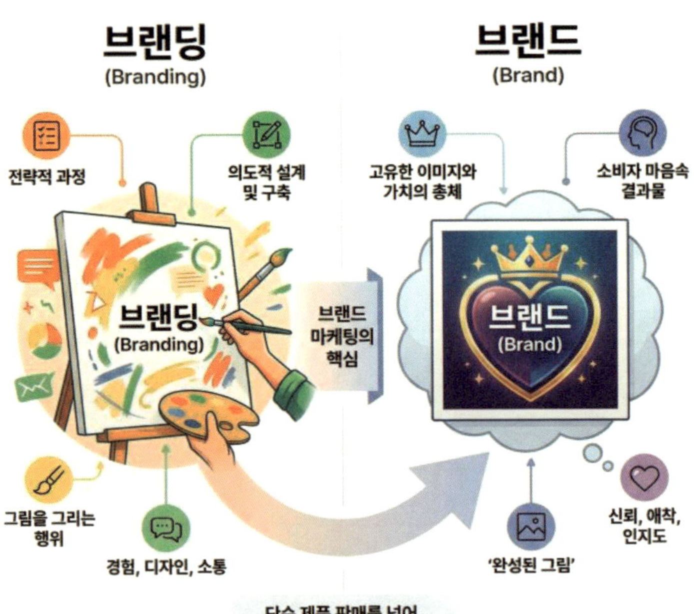

브랜딩의 목적은 당장의 구매 유도에 있지 않다. 오히려 브랜딩은 "지금 당장 사지 않더라도, 이 브랜드를 기억하게 만드는 것"에 가깝다. 소비자의 머릿속에 특정한 자리를 만들고, 그 자리를 다른 브랜드가 쉽게 대체하지 못하도록 만드는 구조가 바로 브랜딩이다.

이 차이를 가장 직관적으로 보여주는 사례가 스타벅스다. 스타벅스의 브랜드는 커피 그 자체가 아니다. 사람들은 스타벅스를 '집도, 사무실도 아닌 제3의 공간'으로 인식한다. 이 인식은 우연히 만들어진 것이 아니라, 매장 인테리어, 음악, 응대 방식, 컵 디자인까지 일관되게 설계된 브랜딩의 결과다. 소비자는 커피를 마시면서 동시에 하나의 시간을 경험하고, 그 경험이 브랜드로 축적된다.

나이키 역시 운동화를 파는 회사가 아니라 '도전하는 태도'를 상징하는 브랜드가 되었다. Just Do It은 단순한 슬로건이 아니라, 브랜드가 수십 년간 반복해온 선택의 방향이다. 나이키는 기능을 설명하기보다 '망설임 앞에서 행동하라'는 메시지를 일관되게 전달했고, 그 반복은 제품을 넘어 브랜드의 성격이 되었다.

같은 '빵집'이라도 브랜드의 인식은 완전히 달라질 수 있다. 어떤 곳은 "매일 갓 구운 빵"을 말하지만, 다른 곳은 "아이에게 먹여도 안심되는 빵"을 말한다. '

두 매장이 같은 재료를 쓰고 비슷한 가격을 붙여도 소비자의 머릿속에 남는 것은 맛보다 '안심'이라는 기준이다. 브랜드는 제품이 아니라 그 기준을 기억하게 만든 결과이고, 브랜딩은 그 기준을 모든 접점에서 반복해 온 과정이다.

결국 브랜드는 소비자에게 남은 기억의 결과이고, 브랜딩은 그 기억을 만들기 위해 브랜드가 반복한 선택의 구조다. 창업자가 반드시 짚고 넘어가야 할 사실도 여기에 있다. 브랜드는 결과이고, 브랜딩은 선택의 연속이다. 어떤 브랜드가 되고 싶은지에 대한 고민 없이 로고부터 만들거나 광고부터 집행하는 것은 그림을 그리지도 않았는데 전시부터 하려는 것과 다르지 않다.

2. 왜 지금, 브랜딩이 창업의 핵심 전략이 되었을까

불과 몇 년 전까지만 해도 창업에서 가장 중요한 요소는 자본, 입지, 그리고 광고였다. 좋은 위치에 매장을 열고 눈에 띄는 광고를 집행하면 어느 정도의 성과는 기대할 수 있었다. 그러나 지금의 창업 환경은 완전히 달라졌다.

같은 상권 안에 유사한 콘셉트의 매장이 동시에 생겨나고, 온라인에서는 하루에도 수많은 브랜드가 등장했다가 사라진다. 이제는 '잘 만든 제품'이나 '많이 알리는 것'만으로는 선택받기 어려운 시대가 되었다.

이 변화 속에서 소비자의 선택 기준도 빠르게 바뀌었다. 비슷한 가격, 비슷한 품질, 비슷한 메시지 속에서 소비자는 더 이상 기능만 비교하지 않는다. 대신 이 브랜드가 어떤 태도를 가지고 있는지, 어떤 기준으로 움직이는지, 그리고 나와 어떤 정서적 접점을 만드는지를 함께 판단한다. 결국 지금의 창업 환경에서 중요한 것은 얼마나 많이 알리느냐가 아니라 무엇으로 기억되느냐다.

이 차이는 오프라인에서도 분명하게 드러난다. 비슷한 메뉴와 가격대를 가진 두 개의 카페가 있다고 가정해 보자. 한 곳은 원두와 로스팅, 할인 이벤트를 강조하고, 다른 한 곳은 왜 이 공간을 만들었는지와 어떤 시간을 제공하고 싶은지를 이야기한다.

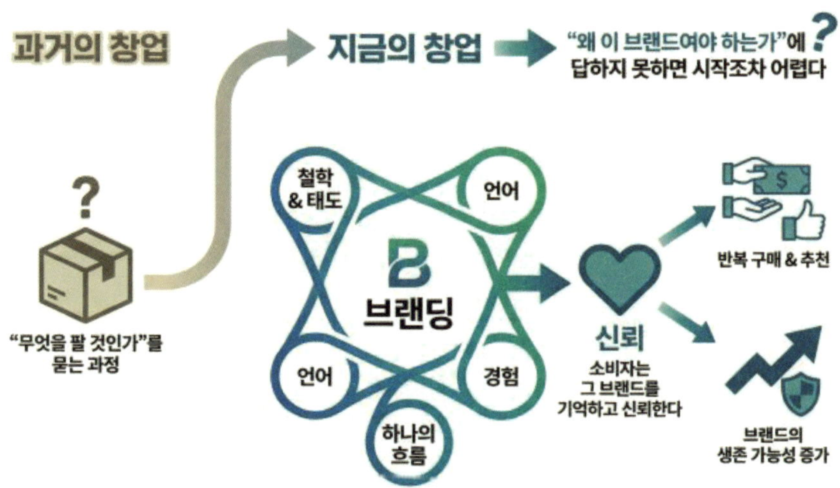

소비자는 단순히 커피를 마시기 위해서가 아니라 자신이 공감할 수 있는 태도와 의미가 있는 공간을 선택한다. 선택 기준이 '제품'에서 '브랜드'로 이동한 것이다.

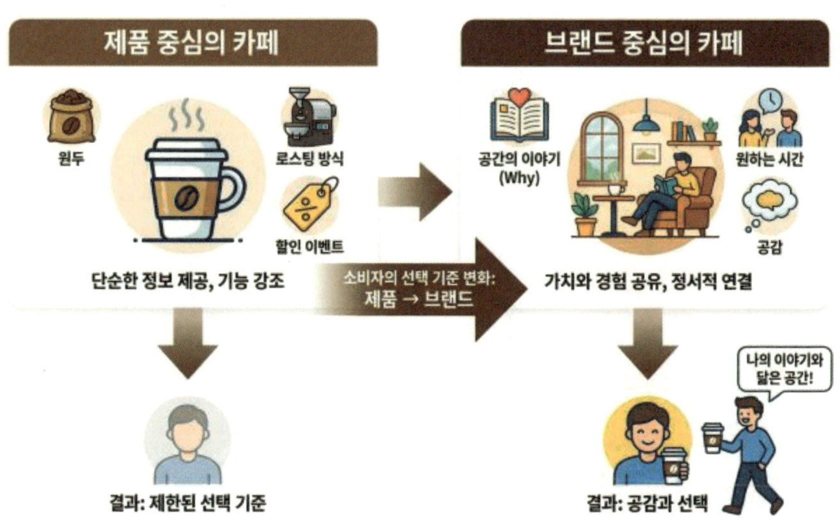

소비자는 공감하는 이야기가 있는 공간을 선택하며, 이때 선택의 기준은 브랜드가 됩니다.

모든 브랜드가 머무는 경험을 팔 필요는 없다. 메가커피는 정반대의 방식으로 경험을 설계하며 성장했다. 메가커피가 제공한 경험은 '편안한 체류'가 아니라 '빠르고 부담 없는 선택'이었다. 강한 색감의 시각 아이덴티티와 단순한 메뉴 구조, 대용량이 주는 즉각적인 만족감은 "이 상황에서는 메가커피가 가장 합리적이다"라는 기억을 만든다. 이는 고급스러움이 아니라 생활의 리듬에 붙는 방식으로 신뢰를 구축한 사례다.

온라인 환경에서는 이 변화가 더욱 극단적으로 나타난다. 수많은 브랜드가 동시에 노출되는 환경에서 광고는 잠깐의 주목을 끌 수는 있어도 기억에 남기기는 어렵다. 소비자는 더 많이 본 브랜드가 아니라, 더 안전하게 느껴지는 브랜드를 선택한다. 정보가 넘칠수록 선택은 비교가 아니라 판단의 단축으로 이루어지며, 그 단축의 기준을 만들어주는 것이 브랜딩이다.

온라인 쇼핑에서도 같은 현상이 반복된다. 동일한 카테고리의 제품을 검색하면 리뷰 수, 별점, 가격대가 비슷한 상품이 끝없이 뜬다. 이때 소비자는 모든 상세페이지를 정독하지 않는다. "여긴 믿어도 될 것 같다"는 신호가 보이는 브랜드를 먼저 클릭한다. 결국 지금의 경쟁은 기능의 경쟁이 아니라, 클릭 이전에 신뢰를 얻는 경쟁으로 바뀌었다.

질레트는 이 구조를 가장 단단하게 보여주는 사례다. 질레트는 면도기를 팔았지만, 기능보다 '현대적인 자기관리'라는 기준을 팔았다. 면도날은 자주 교체해야 한다는 메시지는 단순한 사용 안내가 아니라 위생과 관리의 기준 자체를 재정의하는 방식이었다. 소비자는 제품을 산 것이 아니라 당대가 요구하는 태도에 동참하고 있다는 인식을 갖게 되었다.

반대로 브랜드가 평소의 태도와 무관하게 갑자기 '큰 가치'를 말할 때, 소비자는 더 예민하게 반응한다. 펩시의 광고 논란은 이를 잘 보여준다. 광고는 보편적 가치를 말했지만, 사람들은 메시지보다 맥락의 부재를 먼저 읽었다. 이 사건은 가치 있는 문장이 아니라, 누적된 태도와 맥락이 브랜드 신뢰를 만든다는 사실을 분명하게 보여준다.

결국 지금의 창업 환경에서 브랜딩이 중요한 이유는 분명하다. 브랜딩은 감성적인 포장이 아니라 소비자가 선택의 순간에 떠올릴 수 있는 '이유'를 설계하는 일이다 이 이유는 자본이나 광고로 단기간에 만들어지지 않는다.

같은 기준으로 움직이고 말과 행동이 일치하며, 동일한 태도가 반복될 때 비로소 축적된다. 그래서 지금의 창업자는 '더 많이 알리는 사람'이 아니라, 선택의 순간에 가장 먼저 떠오르는 기준을 만든 사람이 된다. 매출은 이벤트로 올릴 수 있다. 그러나 기억은 기준으로만 남는다.

3. 창업 환경의 변화와 브랜딩 트렌드의 전환

창업 환경 변화의 핵심은 크게 두 가지다. 디지털화와 AI의 확산이다. 팬데믹 이후 소비의 기본값은 온라인으로 이동했고, 숏폼 콘텐츠와 추천 알고리즘은 브랜드의 생명주기를 더욱 짧게 만들었다. 브랜드는 빠르게 뜰 수 있지만 그만큼 빠르게 잊히기도 한다.

이 변화는 브랜딩의 방식 자체를 바꾸었다. 과거에는 노출을 늘리면 인지도가 따라왔다. 그러나 지금은 노출만으로는 부족하다. 숏폼 환경에서 소비자는 몇 초 안에 판단한다. 숏폼에서 브랜드가 자주 실패하는 장면도 있다. 영상은 재미있고 조회수는 나오지만, 정작 댓글에는 "이거 어디 제품이에요?"가 반복된다. 콘텐츠는 남았지만 브랜드는 남지 않은 것이다.

반대로 짧은 영상 한 편에서도 말투와 태도가 일관된 브랜드는 조회수보다 '브랜드 이름'이 먼저 회자된다. 디지털 시대의 브랜딩은 노출보다 '회상'을 설계하는 일에 가깝다. 브랜드는 설명할 시간이 없고 결국 한 문장으로 이해되고 한 장면으로 기억되어야 한다.

AI의 확산은 이 흐름을 더욱 가속한다. 콘텐츠 제작의 장벽이 낮아지고, 누구나 빠르게 광고 이미지와 문구를 만들어낼 수 있는 시대가 되었다. 실행 격차가 줄어들수록 경쟁 우위는 '만드는 능력'이 아니라 '기준을 세우는 능력'에서 발생한다. 기술이 평준화될수록 브랜드의 차별점은 더 상위의 구조로 이동한다. 기술은 모두에게 비슷해졌지만 브랜드의 기준은 여전히 준비된 곳과 그렇지 않은 곳을 갈라놓는다.

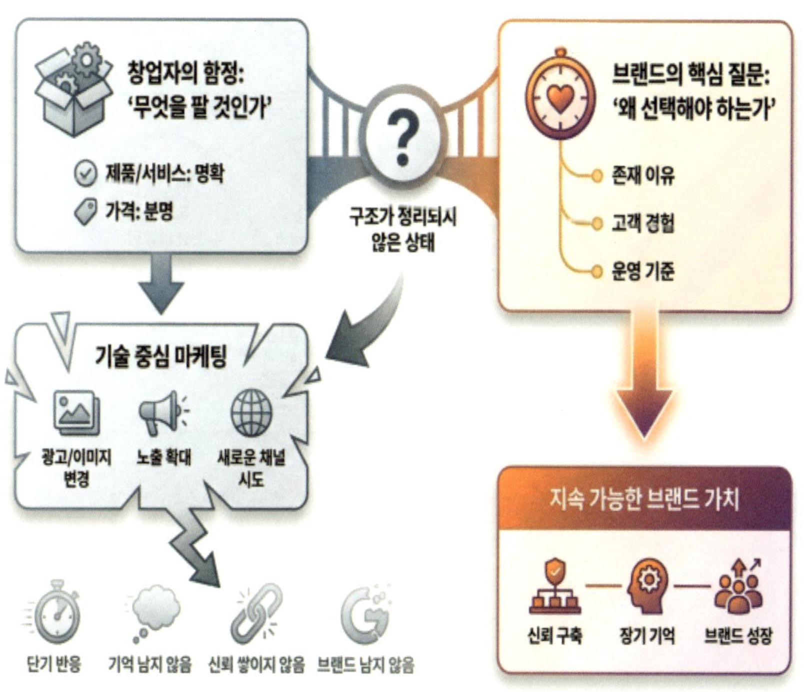

그 결과 브랜딩 트렌드는 '잘 보이기'에서 '안심시키기'로 이동하고 있다. 소비자에게 익숙한 신호를 주고, 일관된 태도로 예측 가능하게 행동하며, 선택의 불안을 줄여주는 브랜드가 강해진다. 브랜드는 광고의 크기로 이기는 것이 아니라, 소비자의 판단 비용을 줄여주는 방식으로 경쟁한다.

결국 디지털·AI 시대의 브랜딩은 설득이 아니라 신뢰 시스템에 가깝다. 그래서 이 시대의 창업자는 콘텐츠를 만들기 전에, 브랜드가 반복할 기준부터 설계해야 한다.

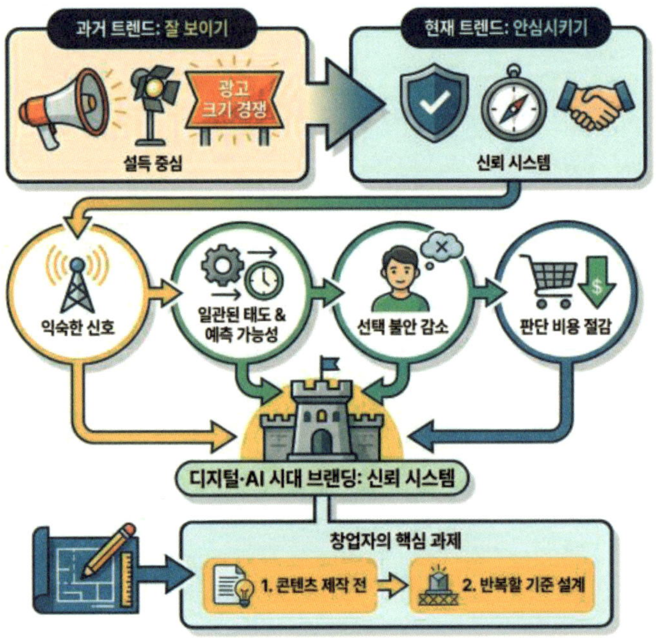

4. 브랜딩, 마케팅, PR은 무엇이 다른가

많은 창업자들이 브랜딩과 마케팅, PR을 비슷한 개념으로 인식한다. 하지만 이 세 가지가 정리되지 않으면 실행 순서가 꼬이고, 전략은 단기 성과에 머무른다. 특히 초기 창업 단계에서는 이 구분이 사업의 방향을 좌우한다.

1) 브랜딩 : 브랜드의 정체성을 정하는 일

브랜딩은 정체성의 영역이다. 브랜드가 누구인지, 무엇을 중요하게 생각하는지, 어떤 기준으로 선택하고 행동하는지를 정리하는 일이다. 브랜딩은 아직 무엇을 팔 것인가보다, 어떤 브랜드로 기억되고 싶은지를 먼저 묻는다.

많은 초기 브랜드는 제품과 채널부터 결정한다. 무엇을 팔지, 어디에 광고를 집행할지, 어떤 콘텐츠를 만들지부터 고민한다. 하지만 정체성이 정리되지 않은 상태에서 시작된 실행은 매번 기준이 바뀐다. 반응이 좋으면 그 방향으로 움직이고, 성과가 떨어지면 다시 다른 방식을 시도한다. 전략처럼 보이지만, 실제로는 선택의 이유가 없는 상태에 가깝다.

브랜딩은 이 흔들림을 줄이기 위한 기준을 세우는 일이다. 어떤 고객을 만나고 싶은지, 어떤 방식의 설득은 하지 않을지, 어디까지가 우리다운 표현인지를 먼저 정한다. 그러면 이후의 의사결정은 단순해진다. 유행하는 포맷이나 단기 성과가 보이더라도 브랜드의 태도와 맞지 않으면 선택하지 않는다.

반대로 시간이 걸리더라도 방향에 맞다면 계속 반복할 수 있다. 브랜딩은 실행을 늘리는 작업이 아니라, 실행을 선별하는 기준을 만드는 작업이다.

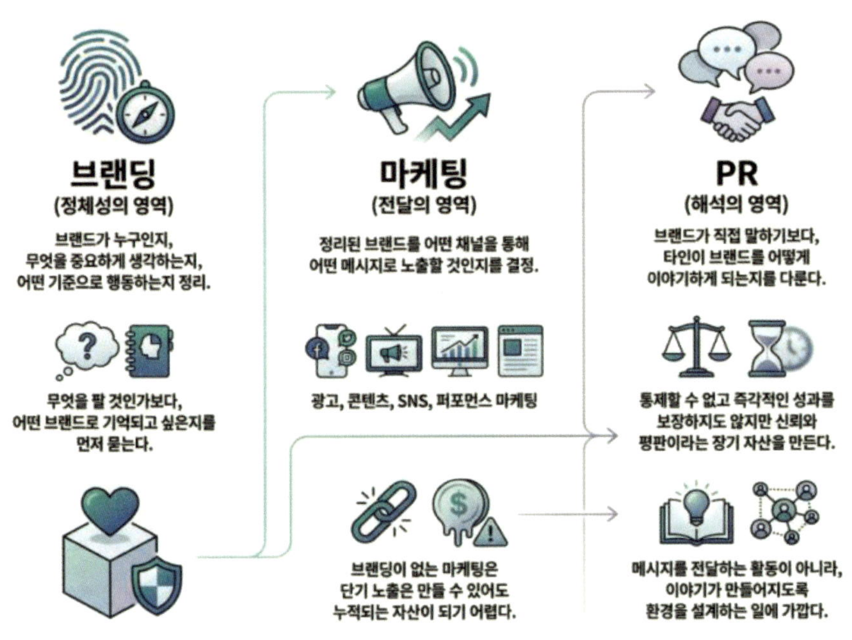

그래서 브랜딩은 '포장'이 아니라 '우선순위'에 가깝다. 같은 예산과 같은 채널을 사용해도 어떤 브랜드는 일관된 인상을 남기고, 어떤 브랜드는 매번 다른 회사처럼 보인다. 차이는 실행의 양이 아니라 기준의 존재 여부에서 비롯된다. 무엇을 말할지보다 무엇을 말하지 않을지를 정할 때 브랜드의 윤곽이 드러난다.

이 기준이 마련된 이후에야 마케팅은 힘을 갖는다. 메시지는 더 명확해지고, 콘텐츠는 반복될수록 의미가 쌓인다. 사람들은 개별 캠페인이 아니라 브랜드의 태도를 기억하기 시작한다. 결국 브랜딩은 성과를 늦추는 과정이 아니라, 이후의 모든 활동이 서로 연결되도록 만드는 출발점이 된다.

2) 마케팅 : 브랜드를 전달하는 활동

마케팅은 전달의 영역이다. 정리된 브랜드를 어떤 채널을 통해 어떤 메시지로 노출할 것인지를 결정한다. 광고, 콘텐츠, SNS, 퍼포먼스 마케팅은 모두 여기에 속한다. 브랜딩이 없는 마케팅은 단기 노출은 만들 수 있어도 누적되는 자산이 되기 어렵다.

좋은 예가 바이럴 챌린지형 숏폼이다. 한때 틱톡·릴스에서 특정 음악이나 밈을 활용해 조회수 수백만을 찍은 계정들이 많았다. 영상 자체는 강하게 퍼졌지만, 몇 주만 지나면 사람들은 "그거 재밌었지"만 기억하고, 누가 만든 계정이었는지는 거의 떠올리지 못한다.

이 경우 성과 지표(조회수, 좋아요)는 높았지만 이후 다른 콘텐츠를 올려도 팔로우나 구매로 이어지지 않는다. 노출은 있었지만 자산은 남지 않은 셈이다.

반대로 브랜딩이 들어간 경우는 다르게 흐른다. 예를 들어 한 캐릭터·톤·카피를 일관되게 반복하는 브랜드 계정은 특정 영상이 아니어도 사람들이 "아 그 말투 쓰는 그 브랜드"라고 먼저 인식한다. 새 영상이 올라오면 설명 없이도 브랜드를 알아보고 제품이 출시되면 자연스럽게 관심이 이어진다. 이전 콘텐츠들이 누적된 기억으로 작동하기 때문이다.

즉, 노출 중심 마케팅은 매번 처음부터 다시 관심을 사야 하지만, 브랜딩은 이

전의 모든 노출이 다음 성과를 돕는다. 그래서 브랜딩이 없는 마케팅은 성과가 '이벤트'로 끝나고, 브랜딩이 있는 마케팅은 성과가 '자산'으로 남는다.

3) PR : 브랜드가 해석되는 방식

PR은 해석의 영역이다. 브랜드가 직접 말하기보다, 타인이 브랜드를 어떻게 이야기하게 되는지를 다룬다. PR은 통제할 수 없고 즉각적인 성과를 보장하지도 않지만 신뢰와 평판이라는 장기 자산을 만든다. PR은 메시지를 전달하는 활동이 아니라, 이야기가 만들어지도록 환경을 설계하는 일에 가깝다.

광고가 브랜드가 스스로를 설명하는 방식이라면 PR은 타인이 브랜드를 설명하게 만드는 방식이다. 그래서 PR 콘텐츠는 제품의 장점을 직접 설득하기보다, 사람들이 해석할 수 있는 맥락과 근거를 제공하는 형태로 나타난다.

대표적인 것이 인터뷰나 다큐멘터리형 콘텐츠다. 창업자의 문제의식, 제작 과정의 기준, 조직이 중요하게 여기는 태도 같은 이야기들은 즉각적인 구매를 만들지 않을 수 있다. 대신 사람들에게 '무엇을 파는 회사인가'가 아니라 '어떤 회사인가'를 이해하게 한다.

이후 소비자는 제품을 접할 때 스펙이 아니라 서사를 함께 떠올리고, 제3자는 그 이야기를 다시 전달한다. 브랜드가 직접 주장하지 않아도 신뢰가 형성되는 구조다.

언론 기사나 매거진 피처 스토리도 같은 역할을 한다. 광고는 좋은 점을 말하지만, 기사는 왜 주목받는지를 설명한다. 사람들은 광고 문구보다 출처가 있는 정보를 더 신뢰하고, 구매 직전 검색 과정에서 그 정보는 판단 기준으로 작동한다. 인플루언서 콘텐츠 역시 단순 리뷰가 아닌 '생활 속 경험'의 형태일 때 PR에 가까워진다. 기능을 나열하는 소개가 아니라 개인의 변화나 습관의 계기로 등장할 때, 소비자는 광고를 본 것이 아니라 누군가의 이야기를 들었다고 받아들인다. 제품은 설명된 것이 아니라 해석된 것이다.

사회적 활동이나 브랜드 캠페인 기록도 마찬가지다. 환경, 지역사회, 문화 프로젝트 같은 활동은 제품과 직접 연결되지 않지만, 브랜드를 평가하는 기준을 만든다. 사람들은 이후 그 브랜드를 기능이 아니라 태도로 기억한다. 결국 PR의 성과는 조회수나 노출로 측정되기 어렵다. 대신 커뮤니티의 후기, 자발적 언급, 밈화된 요소처럼 브랜드가 통제하지 못하는 이야기들이 늘어나는 형태로 나타난다. 광고가 한 번의 설득이라면 PR은 반복되는 신뢰다. 그래서 PR은 단기 성과 대신 평판이라는 장기 자산을 남긴다.

4) 세 가지의 관계 : 방향, 전달, 결과

이 세 가지는 역할도 다르고, 순서도 다르다. 브랜딩이 방향을 정하고, 마케팅이 전달하며, PR은 그 결과로 발생한다. 이 순서가 뒤집히면 어떤 도구를 써도 성과는 불안정해진다. 브랜딩은 비용이 아니라 기준이고, 마케팅은 수단이며, PR은 결과다.

5) 고객 불만 처리에서도 나타나는 차이

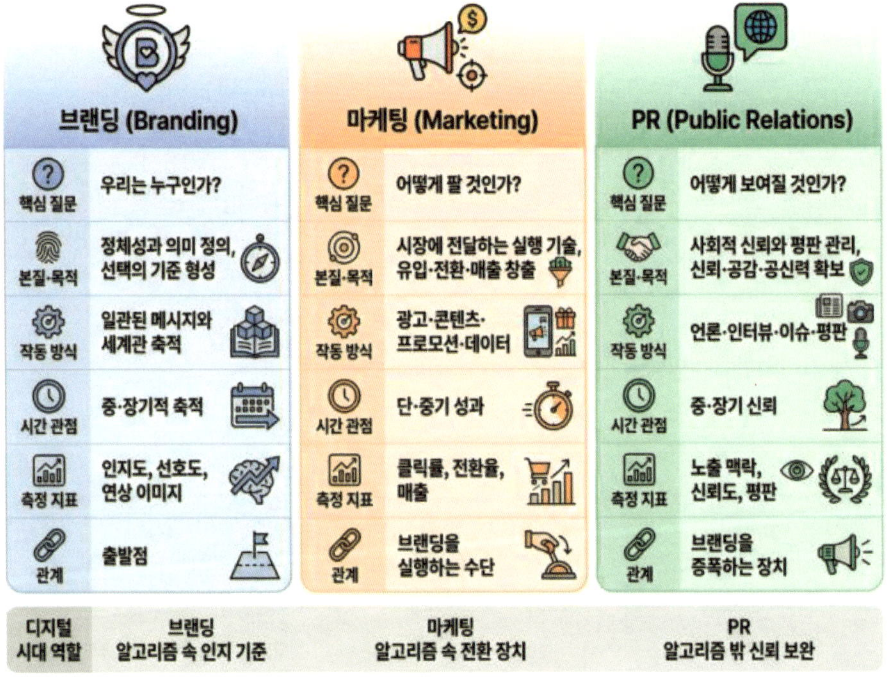

같은 '고객 불만 처리'도 세 영역의 차이를 분명히 보여준다. 브랜딩은 "이 브랜드는 불만을 어떤 태도로 대하는가"라는 기준을 세운다. 마케팅은 그 기준을 커뮤니케이션 문구와 응대 방식으로 실행한다. PR은 그 결과가 외부에서 "이 브랜드는 대응이 믿을 만하다"는 이야기로 확산되는 단계다.

이 세 가지를 구분하지 못한 채 실행에 들어가면, 브랜드는 항상 급한 마케팅
과 설명에 끌려다니게 된다.

5. 자본이 적을수록 브랜딩이 생존 전략인 이유

많은 창업자들이 브랜딩은 규모가 커진 이후에나 필요한 작업이라고 생각한다. 하지만 오늘날의 시장에서는 오히려 반대다. 브랜드 규모가 작을수록 브랜딩은 선택이 아니라 생존 조건에 가깝다.

대기업은 브랜드가 흔들려도 버틸 여력이 있지만, 작은 브랜드는 그렇지 않다. 노출은 적고 경쟁은 많아 브랜딩이 없으면 선택받기 어렵다.

브랜딩 없는 마케팅은 결국 할인과 광고에 의존하게 되고, 광고를 멈추면 성과도 사라진다. 소자본 브랜드에겐 작은 실수도 곧 손실로 이어진다.

예를 들어 프리미엄을 강조하다가 갑작스럽게 과도한 할인을 반복하면, 기존 고객은 브랜드의 기준이 무너졌다고 느낀다. 결국 남는 것은 가격에만 반응하는 고객층이다.

반대로 브랜딩이 정리된 상태에서의 마케팅은 같은 비용으로도 더 오래 남는다. 메시지기 흔들리지 않기 때문이다. 작은 브랜드에게 브랜딩은 멋을 부리는 작업이 아니라, 불필요한 선택을 줄이기 위한 구조다. 무엇을 하지 않을지, 어떤 고객을 포기할지, 어떤 태도를 유지할지를 미리 정하는 일이다.

규모가 작을수록 먼저 해야 할 일은 더 크게 보이기 위한 광고가 아니라, 명확하게 기억될 수 있는 정체성을 설계하는 것이다. 작은 브랜드에게 브랜딩은 '크게 보이기 위한 장치'가 아니라 잘못된 선택을 하지 않기 위한 생존 구조다.

결국 창업에서 가장 먼저 설계해야 할 것은 제품이 아니라, 기억이다. 기억되지 않는 브랜드는 결국 가격으로 경쟁하게 된다.

6. 창업자를 위한 브랜딩 설계 질문

브랜딩은 로고나 슬로건을 만드는 작업이 아니다. 브랜드가 어떤 기준으로 움직이고, 어떤 태도로 고객과 관계를 맺을 것인지 정리하는 과정이다. 다음 질문들은 창업자가 브랜드를 시작하기 전에 반드시 점검해야 할 기본 기준들이다.

1) 우리 브랜드가 해결하려는 문제는 무엇인가

많은 브랜드가 제품의 기능부터 설명하려 한다. 하지만 소비자가 기억하는 것은 기능보다 문제 해결의 기준이다. 우리 브랜드는 고객의 어떤 불편을 해결하려고 하는가. 그리고 그 문제는 경쟁 브랜드와 어떻게 다르게 해결하려 하는가.

2) 고객은 어떤 순간에 이 브랜드를 떠올리게 될까

브랜드는 제품이 아니라 특정한 순간과 연결될 때 기억된다. 출근길, 퇴근 후, 아이를 돌보는 시간, 혼자 쉬는 시간처럼 고객의 하루 속 어떤 장면에서 이 브랜드가 떠올라야 하는지 생각해 보아야 한다.

3) 우리 브랜드가 반복할 태도는 무엇인가

브랜딩은 한 번의 메시지가 아니라 반복되는 태도에서 만들어진다. 고객에게 어떤 방식으로 말할 것인지, 어떤 표현은 하지 않을 것인지, 어떤 기준은 포기하지 않을 것인지 미리 정해야 한다.

4) 우리 브랜드를 한 문장으로 설명할 수 있는가

브랜드는 결국 한 문장으로 기억된다. 고객이 이 브랜드를 떠올릴 때 자연스럽게 따라오는 설명은 무엇인가. 기능이 아니라 태도와 기준이 담긴 문장이 필요하다.

5) 이 브랜드가 선택하지 않을 것은 무엇인가

브랜드의 정체성은 무엇을 할지보다 무엇을 하지 않을지에서 더 분명해진다. 단기 매출을 위해 포기하지 말아야 할 기준은 무엇인가. 어떤 고객은 과감하게 포기할 수 있는가.

이 장의 핵심 정리

브랜드는 기업이 만든 로고나 이름이 아니라 소비자의 머릿속에 남은 기억이다. 브랜딩은 그 기억을 만들기 위해 브랜드가 반복한 선택의 과정이다. 매출은 이벤트로 만들 수 있지만, 기억은 기준이 있어야 쌓인다. 그래서 창업에서 가장 먼저 설계해야 할 것은 제품이 아니라 브랜드의 기준이다.

BRANDING

AND

MARKETING

2장

실패하는 페르소나
- 살아남는 브랜딩의 기억 구조

1. 많은 브랜드의 페르소나는 왜 작동하지 않는가

많은 브랜드가 페르소나를 만든다. 나이, 성별, 직업, 소득 수준, 취미까지 세세하게 적어 내려간다. 여기서 말하는 페르소나(persona)란, '우리 브랜드가 집중해야 할 대표 고객'을 한 사람처럼 구체화한 가상의 인물이다.

단순히 타깃을 넓게 묶는 대신, 누가 어떤 상황에서 무엇을 중요하게 여기며 구매를 결정하는지를 팀이 같은 그림으로 공유하기 위해 쓰는 도구다.

즉, 페르소나는 데이터와 관찰을 바탕으로 "이 사람을 기준으로 메시지와 제품 경험을 설계하자"라고 합의하기 위한 브랜딩의 설계도에 가깝다.

문제는 그렇게 정성 들여 만든 페르소나가 실제 시장에서는 거의 작동하지 않는다는 점이다. 더 정확히 말하면, 페르소나는 문서로 존재하지만 브랜드의 선택을 바꾸지 못한다. 콘텐츠를 만들 때도, 신제품을 기획할 때도, 상담 스크립트를 만들 때도 "그래서 이 페르소나라면 어떻게 반응할까?"라는 질문 앞에서 다시 감각과 추측으로 돌아간다.

페르소나가 있어도 브랜드는 흔들리고, 결국 메시지는 평균값으로 흐른다. 브랜딩 실무에서 가장 자주 마주치는 아이러니가 바로 이 지점이다.

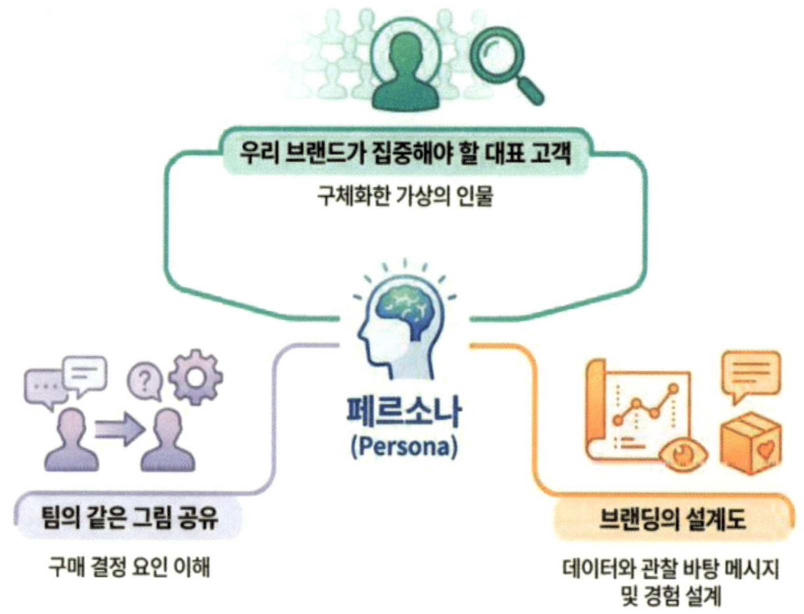

그렇다면 페르소나는 왜 실패하는가. 실패는 대개 '정교하지 않아서'가 아니라 역할을 잘못 부여받아서 발생한다. 페르소나를 사람 설명 자료로 끝내는 순간, 그것은 전략이 아니라 정보가 된다. 그리고 정보는 실행을 바꾸지 못한다.

1) 페르소나가 실패하는 세 가지 이유

첫 번째 이유는 페르소나가 '사람처럼 보이지만 실제 사람의 선택 방식과는 닮지 않았기 때문'이다. 대부분의 페르소나는 통계적 평균을 기반으로 만들어진다. 그러나 소비자의 선택은 평균적으로 이루어지지 않는다. 사람들은 항상 맥락 속에서, 감정과 상황에 따라 결정을 내린다.

그런데 많은 페르소나는 이런 맥락을 제거한 채, 정적인 프로필로만 존재한다.

예를 들어 동네 빵집을 운영한다고 해보자. 페르소나를 "32세 여성, 마케팅 직무, 요가를 좋아하고 브런치를 즐긴다"라고 설정하는 순간, 브랜드는 사람을 '설명'한 것처럼 보인다. 하지만 실제 구매는 "오늘 아이 간식으로 뭐가 안전하지?", "퇴근길에 당 떨어지는데 빨리 하나 집어갈까?" 같은 상황에서 일어난다.

즉, 페르소나가 작동하려면 '요가'가 아니라 구매가 터지는 순간의 맥락이 들어가야 한다. 맥락이 빠진 페르소나는 디테일이 많아도 실행에 연결되지 않는다.

두 번째 이유는 페르소나가 마케팅 편의 중심으로 설계되기 때문이다. "이 타깃에게 무엇을 말하면 좋을까"라는 질문에서 출발한 페르소나는 브랜드의 시선에 가깝다. 반면 실제로 작동하는 페르소나는 "이 사람이 언제, 어떤 순간에, 왜 이 브랜드를 떠올리게 되는가"라는 질문에서 출발해야 한다. 이 차이는 작아 보이지만, 결과는 극명하게 갈린다.

예를 들어 카페가 "20~30대 직장인"을 페르소나로 잡고 "프리미엄 원두, 감성 인테리어"를 말한다고 해보자. 말은 그럴듯하지만, 근처 경쟁 카페도 똑같은 말을 한다.

반대로 "회의 사이 10분, 실패 없는 선택을 하고 싶은 사람"을 기준으로 잡으면 메시지가 달라진다. 메뉴는 단순해지고, 주문 동선은 빨라지고, '고민 없이 고르는' 경험이 강조된다. 같은 직장인이라도 선택 장면이 다르면 브랜드가 차지하는 자리도 달라진다.

페르소나는 '무엇을 말할지'를 정하기 전에 '언제 떠올라야 하는지'를 먼저 정해야 한다.

세 번째 이유는 페르소나가 너무 구체적일수록 오히려 모호해진다는 역설이다. 직업, 취향, 라이프스타일을 촘촘히 채워 넣을수록 브랜드는 특정 인물에게 말을 걸고 있다고 느끼지만, 정작 실제 소비자는 그 인물과 자신을 동일시하지 못한다.

페르소나는 '실제 존재할 것 같은 한 사람'이 아니라, 다수가 공감할 수 있는 기억의 단서여야 한다.

교육 서비스를 예로 들면 더 분명해진다. "27세 취준생, 자격증 준비 중, 새벽형 인간, 생산성 앱 사용" 같은 페르소나는 있어 보인다. 하지만 현실에서 강의를 찾는 사람의 마음은 대개 이렇게 움직인다.

"이번에도 미루면 끝이다", "혼자 하려니 불안하다", "지금 시작하면 따라갈 수 있을까?"

즉, 사람을 특정 라이프스타일로 고정할수록 더 많은 사람이 '저 사람은 나랑 다르다'고 느낀다. 반대로 "불안한 상태에서 등을 밀어주는 브랜드"처럼 감정과 장면이 중심이 되면 더 넓게 연결된다.

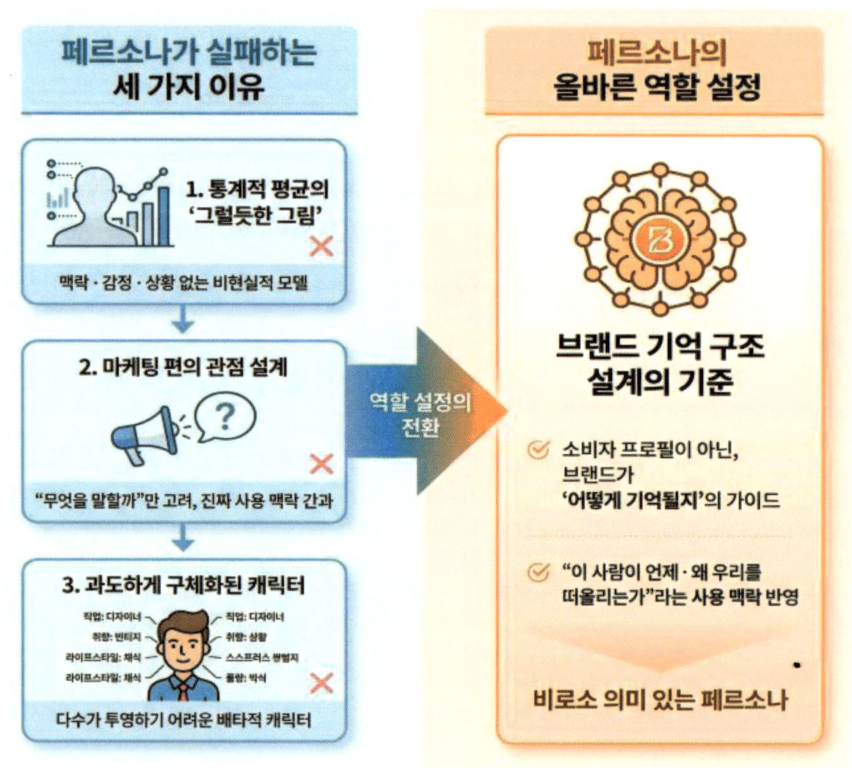

2) 페르소나 실패의 핵심 원인

이 세 가지 이유를 관통하는 핵심은 단순하다. 페르소나는 '사람을 설명'하는 데 그치고, 브랜드의 판단 기준이 되지 못하기 때문이다.

페르소나는 소비자를 분석하는 도구이기 이전에 브랜드 내부에서 "이럴 때 우리는 이렇게 한다"를 결정하는 기준이어야 한다.

그런데 많은 팀은 페르소나를 만들고도 질문을 바꾸지 않는다. "이 타깃에게 어떤 메시지를 던질까?"라는 질문에 머물러 있다. 작동하는 페르소나는 질문이 다르다. "이 사람은 어떤 순간에, 어떤 감정으로, 어떤 이유로 우리를 떠올릴까?" 이 질문이 들어간 순간부터 페르소나는 문서가 아니라 브랜드의 나침반이 된다.

3) 페르소나 실패가 반복되는 진짜 이유

페르소나 실패는 우연이 아니라 구조적으로 반복된다. 이유는 간단하다. 페르소나가 '전략의 출발점'이 아니라 '보고용 결과물'로 취급되기 때문이다.

그럴듯한 문서를 만들면 "전략을 세웠다"는 느낌이 들지만, 실제로는 아무것도 바뀌지 않는다. 그러면 다음 달엔 다시 페르소나를 수정하고, 다음 분기엔 또 새 페르소나를 만든다. 페르소나가 업데이트되는 것이 아니라, 브랜드의 방향이 계속 흔들리는 것이다.

현장에서 자주 보이는 실패 유형은 일정한 패턴을 가진다. 문제는 이 패턴들이 특별한 실수처럼 보이지 않는다는 점이다. 오히려 '열심히 한 흔적'처럼 보이기 때문에 더 위험하다.

4) 현장에서 반복되는 페르소나 실패 유형

① 너무 자세해서 아무도 닮지 않은 페르소나"32세 여성, 마케팅 직무, 요가, 브런치, 인스타그램" 같은 설명은 그럴듯하지만 현실을 덜 설명한다. 소비자는 '나와 비슷한 사람'을 찾는 게 아니라, 내가 처한 상황을 해결해 줄 브랜드를 찾는다. 디테일이 많아질수록 공감할 여지는 줄어든다.

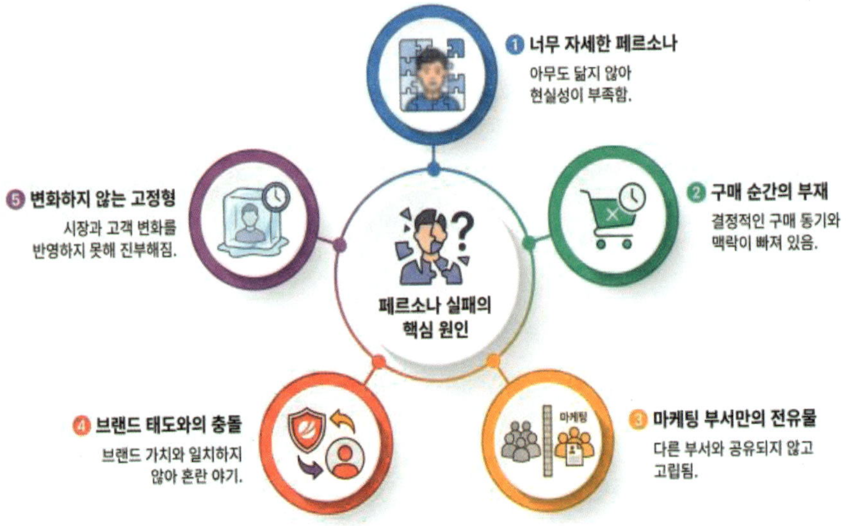

② 구매 순간이 빠진 페르소나생활 정보는 많은데, 구매가 터지는 장면이 없다. 언제, 어떤 문제로, 어떤 감정 상태에서 브랜드를 떠올리는지 설명되지 않는다. 그래서 콘텐츠는 만들 수 있어도 전환으로 이어지지 않는다.

③ 마케팅 부서만 이해하는 페르소나문서 자체는 정교하지만 현장에서 쓰이지 않는다. 운영자, 상담자, 디자이너가 참고할 수 있는 기준이 없기 때문이다. 페르소나는 '공유된 전략'이 아니라 '정리된 문서'에 머문다.

④ 브랜드의 태도와 충돌하는 페르소나전문성과 신뢰를 강조해야 하는 브랜드가 지나치게 가볍고 트렌디한 페르소나를 설정하면, 말투가 흔들린다. 특히 뷰티 업종에서 이 충돌이 자주 발생한다.

예를 들어 '피부 개선'처럼 신뢰가 핵심인 서비스가 "요즘 유행하는 성분, 핫한 관리" 같은 언어만 반복하면, 소비자는 "여기도 결국 유행 따라가는 곳"으로 인식한다. 페르소나는 고객을 설명하기 전에, 브랜드가 어떤 태도로 말할지를 규정해야 한다.

⑤ 변화하지 않는 고정형 페르소나시장과 플랫폼, 소비자의 행동은 빠르게 바뀌는데 페르소나는 몇 년째 그대로다. 그 결과 브랜드는 점점 '요즘과 어긋난 말'을 하게 된다. 익숙함이 아니라 낡음으로 인식된다.

2. 타깃과 페르소나는 다르게 설계 되야 한다.

오늘날 많은 브랜드가 타깃과 페르소나를 거의 같은 말처럼 사용한다. 그러나 두 개념은 브랜드 전략 안에서 전혀 다른 층위를 담당한다. 이 차이를 이해하지 못하면 마케팅은 단기 지표를 얻는 대신, 브랜딩은 어떤 기억도 남기지 못한 채 소모되기 쉽다. 겉으로는 정교한 타깃 설정과 그럴듯한 페르소나 문서가 존재하지만, 정작 소비자의 머릿속에는 아무 장면도, 아무 문장도 남지 않는 브랜드가 넘쳐나는 이유가 여기에 있다.

1) 타깃은 '누구에게 팔 것인가;를 정한다

타깃은 본질적으로 "누구에게 팔 것인가"를 정하는 기술적인 기준이다. 연령, 성별, 지역, 소득 수준, 직업, 라이프스타일처럼 분류 가능한 데이터로 시장을 나누고, 그 안에서 효율적으로 예산을 집행하기 위한 필터 역할을 한다. 어떤 집단에게 광고를 노출할지, 어떤 채널에 비용을 투입할지, 어느 세그먼트를 우선 공략할지에 대한 의사결정은 모두 타깃 설정에서 출발한다. 이 점에서 타깃은 매우 강력한 실행 도구다.

그러나 타깃은 말하지 않는다. 왜 이 브랜드여야 하는지, 이 브랜드를 경험한 뒤 어떤 감정이 남아야 하는지, 왜 다른 선택이 아니라 이 선택이었는지를 설명해 주지 않는다.

예를 들어 동네 테이크아웃 카페가 "20~30대 직장인"을 타깃으로 잡았다고 해보자. 이 설정만으로는 광고 타이밍과 채널은 정할 수 있어도, 어떤 문장이 선택을 만드는지는 결정되지 않는다. "출근길 커피 할인" 같은 문구는 누구나 할 수 있고, 결국 남는 경쟁은 가격과 쿠폰뿐이다.

타깃은 '누구에게 보여줄지'를 정해주지만, '왜 이 카페여야 하는지'까지는 말해주지 않는다. 그래서 타깃만 남은 브랜드는 노출이 늘어도 기억이 쌓이지 않는다.

7) 페르소나는 '어떤 순간에 기억될 것인가'를 설계한다

타깃은 매체와 예산의 효율을 높여 줄 뿐, 브랜드에 서사를 부여하지는 못한다. 반면 페르소나는 '기억을 설계하는 장치'에 가깝다. 페르소나는 단순한 고객 프로필이 아니라, 브랜드가 어떤 사람의 어떤 순간 속에 스며들 것인가를 결정하는 서사 구조다.

이 사람은 언제 이 브랜드를 떠올리는가, 어떤 불편을 느끼고 있으며, 그 불편이 해결된 뒤 어떤 감정이 남아야 하는가. 이런 질문이 페르소나의 출발점이다.

타깃이 숫자로 정의되는 집단이라면, 페르소나는 장면과 감정으로 그려지는 한 사람의 순간이다. 그래서 페르소나는 매체 집행보다 콘텐츠 기획, 톤앤매너, 서비스 경험 설계에서 비로소 힘을 발휘한다.

브랜드가 결국 기억의 싸움이라면, 페르소나는 그 기억의 형태를 미리 설계하는 도면에 해당한다.

3) 타깃은 범위를 만들고, 페르소나는 장면을 만든다

타깃과 페르소나는 종종 같은 말처럼 쓰이지만, 출발점부터 다르다. 타깃이 "누구에게 팔 것인가"라면, 페르소나는 "그 사람이 어떤 장면에서 우리를 기억하게 만들 것인가"다.

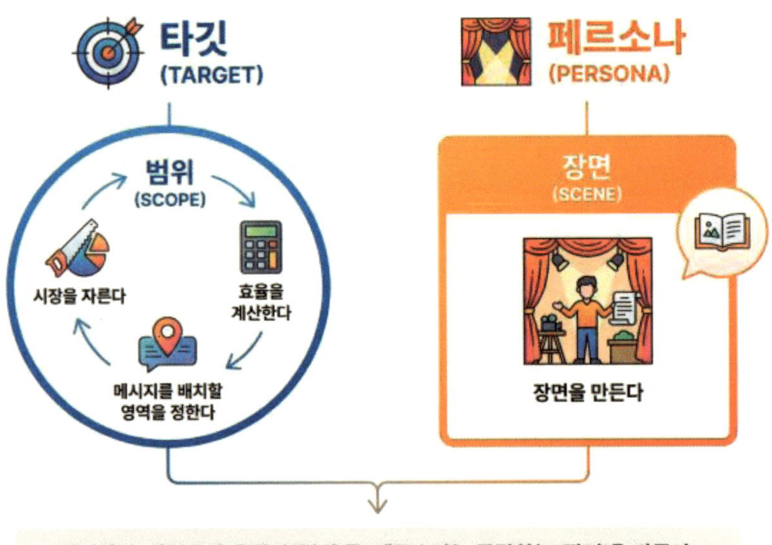

정리하면, 타깃은 효율적인 '범위'를, 페르소나는 공감하는 '장면'을 만든다.

타깃은 연령, 성별, 소득, 관심사처럼 분류 가능한 기준으로 정의된다. 그래서 매체 전략과 예산 배분에는 타깃만큼 명료한 도구가 없다. 어디에 노출할지, 어느 집단에 도달할지를 계산하는 데 타깃은 탁월하다.

하지만 타깃은 '도달'에는 강하고, '기억'에는 약하다. 같은 30대 여성이라도 삶의 리듬은 다르고, 불편을 느끼는 순간도 다르며, 브랜드를 떠올리게 만드는 계기도 다르다. 타깃이 넓어질수록 메시지는 평균값에 가까워지고, 평균값의 메시지는 누구에게도 깊게 남지 않는다.

그래서 타깃만으로 콘텐츠를 만들면 "모두에게 말하지만 아무도 기억하지 않는" 문장이 되기 쉽다.

반대로 페르소나는 평균이 아니라 구체로 내려간다. 페르소나는 '30대 여성'이 아니라 '퇴근 후 집 앞 마트에서 장을 보며, 오늘도 시간을 뺏긴 느낌에 지친 사람'처럼 한 사람의 하루를 그린다.

여기서 중요한 것은 인구통계가 아니라, 그 사람이 처한 상황과 반복되는 불편, 선택을 망설이게 만드는 감정이다. 같은 제품이라도 "언제, 왜, 어떤 마음으로" 선택되는지가 보이면, 브랜드가 들어갈 자리가 비로소 생긴다.

정리하면 타깃은 범위를 만든다. 시장을 자르고 효율을 계산한다. 메시지를 배치할 영역을 정한다. 반면 페르소나는 장면을 만든다.

4) 같은 브랜드도 페르소나에 따라 설계가 달라진다

같은 동네 빵집이라도 페르소나가 바뀌면 설계가 달라진다. 타깃이 "30~40대 여성"이라면 메시지는 쉽게 평균값으로 흐른다.

하지만 페르소나를 "아이가 등교하기 전 10분, 급하게 간식을 준비해야 하는 사람"으로 잡는 순간, 빵의 스토리도 달라진다. 이 빵집이 강조해야 하는 것은 '맛'이 아니라 '선택의 불안이 줄어드는 기준'이다.

알레르기 표기, 원재료 안내 방식, 포장 동선, 직원의 말투까지 모두 한 장면을 향해 정렬된다. 그때부터 브랜드는 "빵이 맛있는 곳"이 아니라 "아침에 고민 없이 들르는 곳"으로 기억된다.

그 장면 속에서 브랜드가 어떤 말투로 등장해야 하는지, 어떤 콘텐츠가 설득이 아니라 공감으로 느껴져야 하는지, 서비스 경험의 어느 지점이 진짜로 편해져야 하는지를 결정한다.

5) 타깃은 지도이고, 페르소나는 대본이다

타깃이 "누구에게 노출할 것인가"라면, 페르소나는 "그 사람이 어떤 순간에 우리를 떠올리게 할 것인가"다. 그래서 실무에서는 두 개를 분리해 써야 한다.

타깃은 광고와 유통, 캠페인 설계의 지도다. 페르소나는 콘텐츠와 경험, 관계 설계의 대본이다.

브랜드가 결국 기억의 싸움이라면, 타깃은 기억의 '대상'을 정하고, 페르소나는 기억이 만들어지는 '장면'을 설계한다. 이 둘이 맞물릴 때, 마케팅은 단기 성과에서 끝나지 않고 브랜드로 축적되기 시작한다.

6) 성공하는 브랜드는 타깃을 넓게, 페르소나는 좁게 잡는다

이 차이를 가장 직관적으로 보여주는 방식은 범위를 비교하는 것이다. 성공하는 브랜드일수록 타깃은 넓게, 페르소나는 좁게 가져간다.

예를 들어 "30~40대 직장인 여성"이라는 넓은 타깃을 설정하되, 실제 커뮤니케이션은 "퇴근 후 집에서 혼자 와인을 마시며 하루를 정리하는 사람"이라는 구체적인 장면에 맞춰 설계한다.

전자는 매체 구매를 위한 정의이고, 후자는 기억을 설계하기 위한 정의다.

같은 대상을 향해 말하더라도 결과는 완전히 달라진다. 타깃만 보고 쓴 카피가 "직장인 여성에게 좋은 와인"이라면, 페르소나를 기준으로 한 카피는 "혼자 숨 돌리는 그 30분을 지켜주는 와인"이 된다. 정보는 비슷해 보여도, 남는 기억의 밀도는 다르다.

7) 타깃만 남은 브랜드는 기억되지 않는다

문제는 많은 브랜드가 이 두 개념을 구분하지 못한 채, 타깃만 정해놓고 그것을 곧바로 페르소나인 양 사용하는 데서 발생한다. 이 경우 메시지는 필연적으로 평균값에 머문다. 표현은 무난하지만 기억에는 남지 않는다.

광고 노출은 늘어나지만, 소비자의 머릿속에 이 브랜드를 떠올리게 하는 장면은 쌓이지 않는다. 마케팅은 반복되지만, 브랜드는 축적되지 않는 것이다.

반대로 페르소나 중심의 브랜드는 도달률이 다소 낮더라도 선명한 인상을 반복 생산한다. 이들은 "누구에게 보여줄까"보다 "무엇을 기억하게 할까"를 우선순위에 둔다.

타깃은 매체 전략의 언어로 관리하되, 페르소나는 카피, 비주얼, 서비스 동선까지 관통하는 하나의 기준으로 사용한다. 그 기준은 결국 브랜드가 어떤 순간에 소환되길 원하는지에 대한 상상이다. 사람의 삶 속 특정 장면을 붙들수록 브랜드는 더 오래, 더 선명하게 남는다.

결국 타깃과 페르소나는 대체 가능한 개념이 아니라, 서로 다른 층위에서 브랜드를 떠받치는 이중 구조다. 타깃은 마케팅을 위한 구조이며, 페르소나는 브랜딩을 위한 기억 장치다.

타깃은 숫자를 만들고, 페르소나는 선택의 이유를 만든다.
이 둘을 구분하지 못하는 순간, 브랜드는 당장은 팔릴 수 있어도 시간이 지나면 쉽게 잊히는 존재로 남는다. 반대로 타깃으로 시장을 열고, 페르소나로 기억을 설계하는 브랜드만이 빠르게 변하는 환경 속에서도 오래 살아남는다.

3. 브랜딩과 마케팅은 기억을 만드는 방식이 다르다

브랜딩과 마케팅은 흔히 같은 의미로 쓰이지만, 실제로는 서로 다른 역할을 수행한다. 하지만 이 둘은 경쟁 관계가 아니다. 오히려 같은 목적을 향해 서로 다른 방식으로 움직이는 전략이라고 보는 것이 정확하다. 그 목표는 단순하다. 수비자의 선택을 받는 것이다.

1) 마케팅 : 행동을 유도하는 힘

마케팅은 소비자가 지금 이 순간 클릭하고, 구매하고, 반응하도록 유도하는 역할을 맡는다. 즉각적인 행동이 중심이다. 가격, 혜택, 기한, 프로모션, 노출 빈도와 같은 외부 자극을 활용해 빠른 결정을 끌어낸다. 성과는 숫자로 바로 확인된다. 전환율, 매출, 광고 효율이 마케팅의 언어다. 하지만 마케팅은 속도가 빠른 만큼, 한계도 명확하다. 캠페인을 멈추면 성과도 즉시 사라진다. 노출이 줄어들면 클릭도, 전환도 함께 줄어든다. 비용을 유지하지 않으면 흐름이 끊기는 구조다.

2) 브랜딩 : 설명하지 않아도 선택되는 힘

반면 브랜딩은 소비자가 선택을 설명하지 않아도 되게 만든다. 브랜딩이 작동하는 영역은 행동 이전, 즉 인식과 기억의 영역이다. 소비자가 어떤 브랜드를 접했을 때 "왜 이걸 골랐지?"라고 스스로 묻지 않게 만드는 힘이 바로 브랜딩이다. 브랜딩은 즉각적인 성과를 목표로 하지 않는다. 한 번의 캠페인으로 완성되지 않고, 반복과 일관성을 통해 서서히 쌓인다. 브랜드의 말투, 태도, 경험, 메시지가 시간이 지나며 하나의 인상으로 굳어진다. 그 인상이 쌓일수록, 브랜드는 별도의 설득 없이도 선택된다.

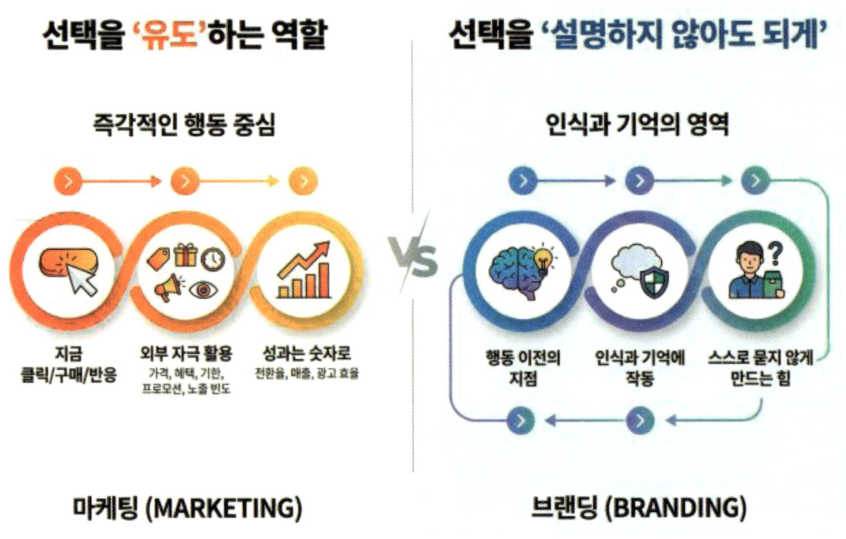

3) 브랜딩과 페르소나, 마케팅과 타깃의 차이

브랜딩과 페르소나는 서로 맞물린다. 페르소나는 브랜드가 어떤 장면과 감정으로 기억될지를 설계하는 도구이고, 브랜딩은 그 설계를 반복한 경험으로 굳히는 과정이다. 페르소나가 없으면 브랜딩은 방향을 잃고 추상화된다. 반대로 페르소나가 명확하면, 브랜드는 매번 같은 기준으로 말하고 행동하며, 그 일관성은 소비자의 기억으로 축적된다.

마케팅과 타깃의 관계는 또 다르다. 타깃은 마케팅 효율을 높이기 위한 장치다. 누구에게 도달할지를 숫자와 범위로 정의하고, 그 안에서 최대한 빠르게 반응을 끌어낸다. 성과는 곧 비용과 직결된다. 더 많은 성과를 원하면 더 많은 예산을 투입해야 하고, 집행을 멈추면 흐름도 즉시 끊긴다.

하지만 브랜딩이 구축되면 비용 곡선이 달라진다. 검색 전에 떠오르고, 비교 전에 제외되는 브랜드가 되며, 마케팅의 역할은 '설득'에서 '상기'로 이동한다. 같은 메시지라도 더 적은 빈도로 충분하고, 낮은 강도로도 선택이 일어난다. 즉, 브랜딩이 축적된 브랜드는 마케팅 비용을 유지하지 않아도 성과가 급격히 무너지지 않는다.

4) 작은 브랜드에게 브랜딩이 중요한 이유

단기 성과만을 쫓는 마케팅은 시간이 갈수록 비용을 유지해야 한다. 하지만 브랜딩이 축적된 브랜드는 마케팅의 강도를 줄여도 선택된다. 이것이 '지금 당장 파는 구조'와 '계속 선택받는 구조'의 가장 결정적인 차이다.

특히 작은 브랜드에게 이 차이는 치명적이다. 자본이 큰 브랜드는 막대한 마케팅 비용으로 인지의 공백을 덮을 수 있지만, 작은 브랜드는 그렇지 않다. 그래서 작은 브랜드일수록 "어떻게 팔 것인가"보다 "왜 선택되어야 하는가'를 먼저 고민해야 한다.

이 질문에 대한 답이 없으면, 아무리 정교한 마케팅도 일회성 반응에 그치기 쉽다. 결국 마케팅은 오늘의 행동을 만들고, 브랜딩은 내일의 선택을 만든다. 하나는 사람을 움직이고 다른 하나는 사람을 남긴다. 두 전략이 분리될 때, 브랜드는 일시적으로는 성장할 수 있지만 오래 기억되지는 않는다.

4. 브랜딩은 이미지가 아니라 '기억의 구조'다

많은 사람들이 브랜드를 '이미지'로 이해한다. 로고, 컬러, 패키지, 광고 비주얼처럼 눈에 보이는 요소들이 브랜드라고 생각한다. 물론 이것들은 브랜드를 구성하는 중요한 재료다. 하지만 그것만으로는 브랜드가 설명되지 않는다. 이미지가 브랜드의 겉모습이라면, 브랜드의 본질은 사람의 머릿속에 남아 있는 기억의 구조에 가깝다.

1) 소비자의 기억과 브랜드 선택

소비자는 브랜드를 매번 새롭게 판단하지 않는다. 선택의 순간마다 모든 정보를 비교하고 분석하지도 않는다. 대신 과거에 쌓인 경험, 인상, 감정이 하나의 묶음으로 떠오르고, 그 기억에 따라 행동한다. 떠오르는 기억은 특정 장면일 수도, 한 문장일 수도, 막연한 느낌일 수도 있다. 중요한 점은, 그 기억이 우연이 아니라 반복적으로 설계된 결과라는 것이다.

브랜드는 단 한 번의 광고로 만들어지지 않는다. 제품을 처음 봤을 때의 인상, 가격을 마주했을 때의 느낌, 콘텐츠의 말투, 고객 응대 방식, 문제 발생 시 태도까지 모든 접점이 차곡차곡 쌓이며 하나의 기억 구조를 형성한다. 소비자는 이 구조를 '이 브랜드는 이런 곳'이라는 한 문장으로 요약해 저장한다.

2) 강한 브랜드와 기억의 구조

강한 브랜드는 설명이 필요 없다. "왜 이 브랜드를 선택했나요?"라는 질문에 소비자는 명확한 근거를 말하지 못하면서도, "그냥 믿음이 간다", "여긴 늘 이렇다", "생각 안 해도 떠오른다"라고 답한다. 이것이 기억의 구조가 작동하는 순간이다. 이미 브랜드가 판단을 대신해주는 셈이다.

반대로 브랜드가 이미지에만 집착하면, 기억은 남지 않는다. 화려한 광고를 봤지만 브랜드 이름이 떠오르지 않거나, 디자인은 기억나는데 어떤 브랜드였는지는 모호한 경우가 여기에 해당한다. 이는 시각적 자극과 의미, 맥락이 연결되지 않았기 때문이다. 기억은 단편적인 이미지보다 이해 가능한 이야기와 일관된 경험 속에서 더 강하게 저장된다.

3) 브랜딩은 구조를 설계하는 일

그래서 브랜딩은 단순한 미적 작업이 아니라, 기억의 구조를 설계하는 작업이다.

① 어떤 상황에서 이 브랜드가 떠오르게 할 것인가.
② 어떤 감정과 함께 기억되게 할 것인가.
③ 반복될 때마다 같은 메시지를 주고 있는가.

브랜드의 언어, 행동, 선택이 일관될수록, 소비자의 기억 구조는 더욱 단단해진다. 결국 브랜드는 소비자의 머릿속에 만들어진 하나의 길이다. 선택의 순간, 고민 없이 그 길로 들어가게 만드는 힘이 바로 브랜딩이다. 이 구조가 없는 브랜드는 매번 처음부터 설명해야 하고, 구조를 가진 브랜드는 말하지 않아도 선택된다.

4) 기억 구조는 선택의 축적으로 만들어진다

브랜드를 '기억의 구조'로 이해하는 관점은 감각적 표현이 아니라, 과학과 이론으로 뒷받침되는 개념이다. 신경과학 연구에 따르면 사람이 특정 브랜드를 떠올릴 때 전두엽과 측두엽이 함께 활성화된다. 이 영역은 판단과 감정, 장기 기억을 담당하며, 브랜드 인식이 단순한 시각 정보가 아니라 감정이 결합된 기억 체계로 저장됨을 보여준다.

즉, 소비자는 브랜드를 '본다'기보다 기억한다. 로고나 색상 같은 시각 요소는 기억을 여는 단서일 뿐, 실제로 선택을 이끄는 것은 그 브랜드와 함께 축적된 감정과 경험이다. 이 기억이 긍정적으로 구조화될수록, 소비자는 설명 없이도 브랜드를 신뢰하고 반복 선택한다.

① 이론적 근거 : 고객기반 브랜드 자산(CBBE) 모델
브랜드의 기억 구조를 이해할 때, 마케팅 이론도 참고할 수 있다. 케빈 레인 켈러(Kevin Lane Keller)가 제시한 고객기반 브랜드 자산(Customer-Based Brand Equity, CBBE) 모델은, 브랜드가 소비자의 머릿속에 어떻게 쌓이는지를 피라미드 구조로 보여준다.

기본층 : 인지도와 기능적 성능
소비자가 브랜드를 알고, 제품의 기본적 기능을 이해하는 단계

중간층 : 이미지와 감정
브랜드가 전달하는 메시지와 경험을 통해 형성된 느낌과 태도

최상층 : 브랜드 공명(Brand Resonance)

소비자가 브랜드를 단순히 알고 있는 수준을 넘어, 자발적으로 관계를 맺고 반복적으로 선택하는 단계

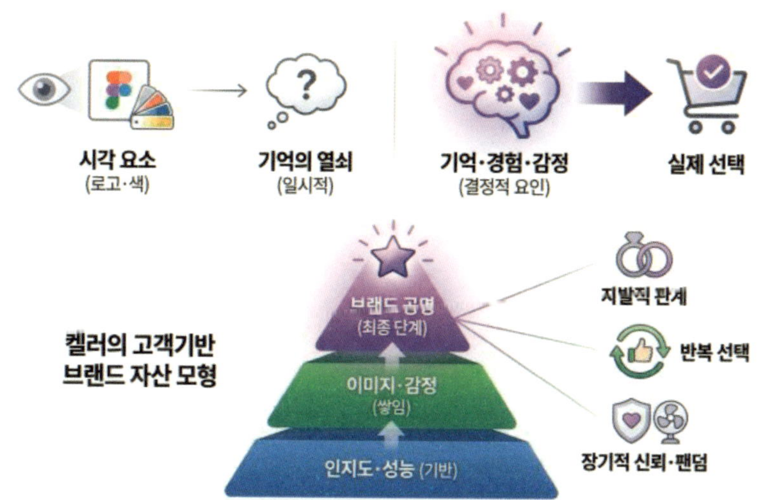

이 모델은 브랜드가 단순히 광고나 로고로 만들어지는 것이 아니라, 소비자의 경험과 감정이 반복적으로 축적될 때 강력한 기억 구조가 형성된다는 것을 보여준다.

② 강한 브랜드의 본질

결국 강한 브랜드란, 더 많은 광고를 한 브랜드가 아니라, 소비자의 머릿속에 가장 안정적인 기억 구조를 만든 브랜드다. 브랜딩은 디자인이나 마케팅 기법을 넘어, 브랜드가 어떤 모습으로 기억될지, 어떤 감정과 함께 저장될지를 설계하는 작업이다.

이 기억 구조를 강화할수록, 브랜드는 일회성 소비를 넘어 장기적 신뢰와 팬덤으로 확장된다. 그리고 이 기억 구조는 우연히 만들어지지 않는다. 브랜드는 결국 수많은 선택의 축적으로 만들어진 하나의 결과다.

5. 브랜드는 수많은 선택이 만든 하나의 결과다

브랜드는 단번의 캠페인이나 인상적인 광고로 완성되지 않는다. 소비자의 머릿속에 남아 있는 브랜드의 모습은, 기업이 매 순간 내린 선택들이 쌓여 만들어진 결과다. 어떤 말을 쓰는지, 무엇을 강조하는지, 제품을 어떤 기준으로 만들고 가격을 책정하는지, 문제 상황에서 어떻게 대응하는지까지 이 모든 결정이 브랜드를 구성한다.

개별적으로 보면 사소해 보이는 선택이라도, 소비자는 각각의 장면을 기억하지 않고, 그것들이 만들어 낸 일관된 인상을 하나의 브랜드로 저장한다. 브랜드는 의도만으로 존재하지 않으며, 반복된 행동의 총합으로 인식된다.

대표적인 사례가 애플이다. 애플은 제품의 기능적 우위보다 사용 경험을 중심으로 한 선택을 수십 년간 반복해 왔다. 아이팟 시절, 수백 곡을 담는 기술적 설명보다 하나의 클릭 휠로 음악을 탐색하는 경험을 전면에 내세웠고, 아이폰 역시 사양표보다 직관적인 화면 조작 경험을 먼저 보여주었다.

이러한 선택은 제품을 넘어 모든 접점으로 확장되었다. 애플 스토어는 단순 판매 공간이 아닌 체험 공간으로 설계되었고, 직원들은 기능보다 사용 상황을 먼저 질문하며, 패키지는 개봉 순간의 리듬과 감정을 설계하는 데 집중했다.

광고 역시 성능보다 장면과 느낌을 전달하는 언어를 선택했다. 이처럼 일관된 선택의 반복을 통해 애플은 단순한 기술 기업이 아니라 경험 중심 브랜드로 소비자의 머릿속에 각인되었다. 소비자는 새로운 제품이 나와도 사양을 비교하지 않고, "애플이라면 이런 경험일 것"이라는 이미 만들어진 길을 따라 선택한다.

국내 사례로는 무신사를 들 수 있다. 무신사는 초기부터 '패션 커머스'가 아닌 스트리트 문화 플랫폼이라는 정체성을 선택했고, 이는 단순한 슬로건으로 끝나지 않았다. 후기 시스템은 단순 별점이 아니라 착장 중심의 '스타일 후기'를 운영하며, 콘텐츠 톤과 주제 역시 서브컬처 문법을 중심으로 다루어 커머스 이상의 문화를 전달했다. 큐레이션 방식은 단순 유행 진열이 아니라 소비자의 취향을 학습시키는 편집 방식으로 설계되었고, 플랫폼의 언어와 카테고리 운영역시 이러한 정체성을 반영했다. 이러한 선택들이 축적되며 무신사는 단순 쇼핑몰이 아닌 특정 세대와 스타일을 대표하는 브랜드로 자리 잡았다.

반면 선택의 방향이 흔들릴 때 브랜드에 축적된 기억은 쉽게 무너질 수 있다. 2010년 갭의 로고 변경 사례가 이를 보여준다. 수십 년간 사용해 온 기존 로고를 예고 없이 교체하자, 소비자들은 혼란을 느꼈고 온라인에서 부정적 반응이 확산되었다. 결국 갭은 일주일 만에 로고 변경을 철회했다. 이 사건은 브랜드 기억이 단순한 디자인 요소가 아니라 기존 정체성과의 연결, 그리고 소비자와의 소통이 포함된 구조임을 보여준다.

작은 브랜드일수록 모든 선택의 무게는 더 크다. 배달의민족은 단순한 배달 서비스임에도, 카피, 앱 UI, 디자인, 커뮤니케이션 전반에서 유머와 인간미라는 브랜드 언어를 일관되게 유지했다. 이러한 반복적 선택은 배달의민족을 단순 서비스가 아닌, '말투가 있는 브랜드'로 소비자의 기억 속에 자리 잡게 만들었다.

또한 브랜드를 만드는 선택에는 무엇을 할 것인가뿐 아니라 무엇을 하지 않을 것인가도 포함된다. 모든 트렌드를 따르지 않고 모든 고객을 만족시키려 하지 않는 것도 브랜드를 선명하게 만드는 전략적 결정이다.

결국 브랜드는 전략적으로 설계된 하나의 결과물이다. 매 순간의 결정이 소비자의 기억 속에서 하나의 구조로 연결되고, 그 구조가 선택을 대신한다.

이렇게 쌓인 기억은 단 한 문장으로 정리되기도 한다.
"이 브랜드는 믿을 수 있다."
"이 브랜드는 나와 맞는다."

강한 브랜드는 더 많은 광고로 만들어진 것이 아니라 소비자의 머릿속에 안정적이고 일관된 기억 구조를 만든 브랜드다. 이러한 기억 구조가 충분히 축적될 때, 브랜드는 단기적 소비를 넘어 장기적 신뢰와 팬덤으로 확장된다.

6. 페르소나 설계를 위한 핵심 질문

많은 브랜드가 타깃과 페르소나를 같은 개념처럼 사용한다. 그러나 두 도구는 브랜드 전략 안에서 서로 다른 역할을 맡는다. 타깃은 시장을 분류하고 광고 효율을 높이기 위한 기준이며, 페르소나는 소비자의 삶 속 특정 장면을 이해하고 브랜드 경험을 설계하기 위한 기준이다.

다음 질문들은 브랜드가 페르소나를 실제 전략으로 활용하기 위해 점검해야 할 기본 기준들이다.

1) 우리 브랜드가 등장해야 하는 순간은 언제인가

페르소나는 단순한 고객 정보가 아니라 '브랜드가 등장하는 장면'을 설명해야 한다. 고객의 하루 속에서 어떤 순간에 이 브랜드가 떠올라야 하는지 생각해 보아야 한다. 문제를 느끼는 순간, 선택을 고민하는 순간, 혹은 작은 휴식이 필요한 순간일 수도 있다.

2) 이 고객이 반복적으로 느끼는 불편은 무엇인가

브랜드는 고객의 반복되는 불편을 이해할 때 의미 있는 해결책이 된다. 이 사람이 어떤 상황에서 같은 문제를 반복적으로 경험하는지, 그리고 그 문제를 해결하기 위해 어떤 선택을 고민하는지 구체적으로 생각해 보아야 한다.

3) 이 사람이 선택을 망설이는 이유는 무엇인가

소비자는 항상 여러 선택지 사이에서 고민한다. 가격 때문인지, 품질 때문인지, 시간 때문인지, 혹은 신뢰 때문인지 살펴보아야 한다. 페르소나는 단순한 고객 정보가 아니라 이러한 망설임의 이유를 설명해야 한다.

4) 브랜드가 해결해야 할 감정은 무엇인가

제품은 기능을 제공하지만, 브랜드는 감정을 해결한다. 고객이 느끼는 불편 뒤에는 항상 감정이 존재한다. 불안, 피로, 귀찮음, 혹은 선택에 대하 부담 같은 감정 중 무엇을 줄여 줄 것인지 생각해 보아야 한다.

5) 이 브랜드를 경험한 뒤 어떤 변화가 남아야 하는가

브랜드 경험은 단순히 제품을 사용하는 순간에서 끝나지 않는다. 고객이 브랜드를 경험한 뒤 무엇이 더 편해졌는지, 어떤 감정이 남는지 생각해 보아야 한다. 그 변화가 분명할수록 브랜드는 기억되기 쉽다.

이 장의 핵심 정리

타깃은 시장을 분류하고 광고 효율을 높이기 위한 도구다. 반면 페르소나는 소비자의 삶 속 특정 장면을 이해하고 브랜드 경험을 설계하기 위한 기준이다. 타깃이 "누구에게 보여 줄 것인가"를 정한다면, 페르소나는 "어떤 순간에 이 브랜드가 떠오르게 할 것인가"를 정한다. 이 두 개념을 구분하지 못하면 마케팅은 반복되지만 브랜드는 축적되지 않는다. 브랜드는 많은 사람에게 말할 때 강해지는 것이 아니라, 특정한 장면을 정확히 이해할 때 선명해진다. 페르소나는 바로 그 장면을 찾기 위한 설계 도구다.

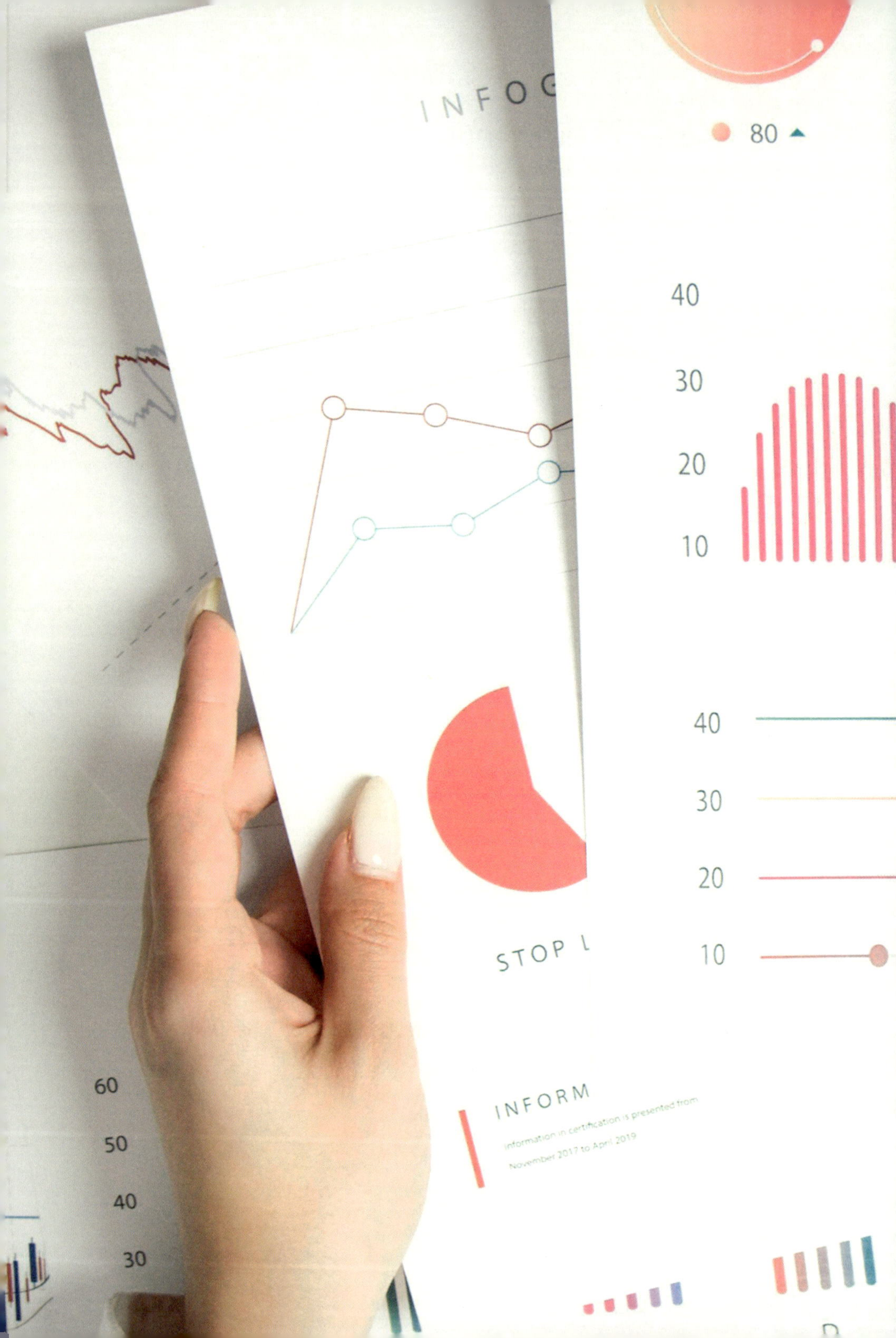
INFOG
80
40
30
20
10
40
30
20
10
STOP L
INFORM
information in certification is presented from
November 2017 to April 2019
60
50
40
30

3장

창업자를 위한
브랜딩 로드맵

1. 브랜딩이 없는 창업은 왜 반복적으로 실패하는가

많은 창업이 같은 이유로 실패한다. 제품이 나쁘지 않았고, 가격도 경쟁력이 있었으며, 한때는 매출도 발생했다. 그럼에도 불구하고 사업은 오래가지 못한다. 이 반복적인 실패의 핵심 원인은 대부분 '브랜딩의 부재'에 있다.

브랜딩이 없는 창업은 시장에서 구별되지 않는다. 소비자의 입장에서 브랜드는 선택을 단순화해주는 기준이다. 수많은 유사 제품과 서비스가 존재하는 상황에서, 브랜드가 명확하지 않으면 소비자는 굳이 기억할 이유를 찾지 못한다.

그 결과, 가격이나 할인, 노출 빈도 같은 단기 자극에만 반응하게 되고, 이는 곧 출혈 경쟁으로 이어진다.

문제는 이 구조가 지속될 수 없다는 데 있다. 브랜딩 없이 매출을 만드는 방식은 항상 더 많은 광고비와 더 큰 할인율을 요구한다. 초기에는 통할 수 있지만, 시간이 지날수록 비용은 늘고 마진은 줄어든다. 결국 창업자는 "팔수록 남는 게 없는 구조"에 갇히게 된다.

또 다른 실패 원인은 일관성의 붕괴다. 브랜딩이 제대로 정립되지 않은 상태에서는 브랜드에 관한 결정들이 기준 없이 그때그때 즉흥적으로 내려진다.

그래서 어느 날은 프리미엄을 강조하며 고급스러운 이미지를 만들려 하다가, 다음 날에는 갑자기 가성비를 내세우며 가격 경쟁력을 전면에 내세운다. 시간이 조금 지나면 또 트렌드를 따라가겠다며 콘셉트를 바꾸고, 메시지와 톤도 달라진다.

내부에서는 이런 변화를 "유연하게 대응하는 것"이라고 느낄 수 있지만, 소비자 입장에서는 브랜드가 무엇을 대표하는지 알 수 없는, 정체성이 없는 브랜드로 인식된다. 결국 브랜드가 하나의 기억으로 쌓이기도 전에 방향이 계속 바뀌면서, 일관된 이미지가 형성되지 못하고 신뢰와 인지도도 함께 약해진다.

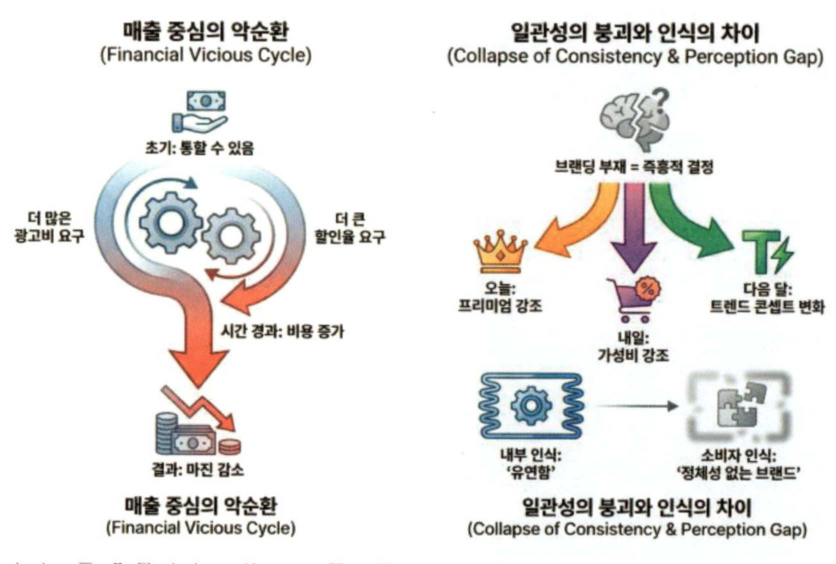

통력이 제한된 상황에서는 브랜드가 곧 경쟁력이다. 그럼에도 많은 창업자들이 브랜딩을 '나중에 할 일'로 미루고, 판매와 노출에만 집중한다. 그러나 브랜드는 매출이 난 뒤에 만드는 장식물이 아니라, 매출 구조를 지탱하는 뼈대에 가깝다.

브랜딩이 없는 창업은 결국 선택받지 못한다기보다 기억되지 않는다. 소비자는 한 번 구매할 수는 있지만, 다시 찾을 이유를 갖지 못한다. 반복 구매와 추천이 일어나지 않는 구조에서는 사업이 커질 수 없다. 그래서 브랜딩 없는 창업은 매번 새 고객을 찾아 헤매고, 같은 문제를 반복하며 소진된다.

결국 질문은 단순하다. '이 사업은 왜 존재해야 하는가', '이 브랜드는 어떤 기억으로 남을 것인가'이다. 이 질문에 답하지 못한 채 시작한 창업은, 형태만 바뀐 채 같은 실패를 반복한다.

다음으로 살펴볼 것은, 왜 지금 이 시대에 브랜딩이 더 이상 선택이 아닌 필수 전략이 되었는지다.

2. 지금 시대에 브랜딩이 '선택'이 아닌 이유

과거에는 브랜딩이 규모 있는 기업의 영역으로 여겨졌다. 자본이 충분하고, 광고를 집행할 수 있는 기업만이 브랜드를 만들 수 있었고, 소규모 창업자에게 중요한 것은 '얼마나 잘 파느냐'였다. 그러나 지금은 상황이 완전히 달라졌다. 오늘날이 시장에서 브랜딩은 더 이상 신택 가능한 옵션이 아니라 존재를 증명하기 위한 최소 조건이 되었다.

가장 큰 변화는 소비자가 브랜드를 만나는 방식이다. 소비자는 이제 매장이나 광고판보다, 검색 결과와 SNS 피드, 숏폼 영상 속에서 브랜드를 먼저 접한다. 이 환경에서 제품은 순식간에 스쳐 지나간다.

브랜드가 명확한 인상을 남기지 못하면 보지 않은 것과 다르지 않다. 노출은 쉬워졌지만, 기억되기는 더 어려워진 시대다.

이 변화는 창업자 개인에게도 직접적인 영향을 미친다. 예를 들어, 1인 온라인 쇼핑몰을 운영하는 대표가 있다면 소비자는 단순히 제품 사진만 보는 것이 아니라, 대표가 인스타그램이나 유튜브에서 어떤 말투로 소통하는지, 어떤 얼굴로 등장하는지, 어떤 가치관을 이야기하는지를 함께 기억한다.

평소에는 "정직한 원료와 장인정신"을 강조하던 대표가, 어느 순간 조회 수를 위해 과장된 표현이나 자극적인 멘트를 사용한다면 소비자는 브랜드 자체의 진정성까지 의심하게 된다.

또 다른 예로, 작은 교육 브랜드의 창업자가 강연이나 콘텐츠에서 꾸준히 '현실적인 조언과 장기적인 성장'을 말해왔다면, 그 사람의 태도와 메시지는 곧 브랜드의 신뢰 자산이 된다.

반대로 트렌드에 따라 태도가 자주 바뀌고, 말하는 방향이 그때그때 달라진다면 소비자는 브랜드보다 먼저 창업자에게서 일관성의 부재를 느낀다.

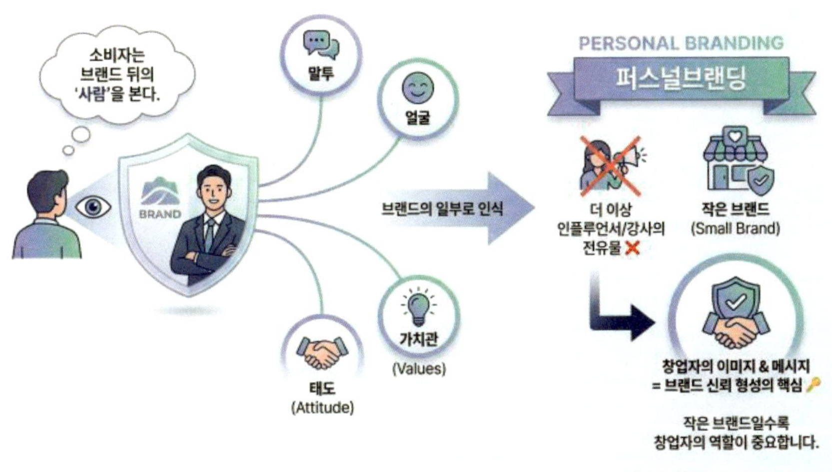

이처럼 작은 브랜드일수록 창업자의 말투와 태도, 가치관은 단순한 개인 표현이 아니라 브랜드의 성격과 신뢰도를 결정하는 핵심 요소로 작용하며 퍼스널 브랜딩은 선택이 아닌 필수가 된다.

특히 SNS처럼 대표가 콘텐츠로 직접 등장하는 플랫폼에서는, 사람들이 브랜드를 "로고"보다 "사람"으로 먼저 인식한다. 그래서 여기서 말하는 이미지 메이킹은 예쁜 사진이나 과한 연출이 아니라 말의 결, 시장을 바라보는 관점, 고객을 대하는 태도를 꾸준히 쌓아 올리는 과정에 가깝다.

예를 들어 같은 스킨케어 브랜드라도 대표가 "피부는 단기간에 바뀌지 않는다, 루틴이 답이다" 같은 언어를 계속 쓰고, 성분을 설명할 때도 과장 없이 데이터와 경험을 기반으로 말하며, 댓글이나 DM에서도 '판매'보다 '상담'에 가까운 태도를 유지한다면 소비자는 그 사람을 '믿을 만한 기준을 가진 사람'으로 기억한다. 그 기억이 쌓이면 브랜드는 "저기는 과장 안 하고, 꾸준함을 말하는 곳"이라는 정체성으로 확장된다.

반대로 이미지 메이킹이 흔들리면 브랜딩도 동시에 무너진다.
예를 들어 오늘은 "프리미엄 원료로 고급 루틴"을 말하다가, 다음 콘텐츠에서는 "이 가격에 이 퀄리티 미쳤다" 같은 말로 가성비를 밀고, 또 다른 날은 갑자기 유행하는 밈과 자극적인 문구로만 반응을 끌어내려 한다면 소비자는 제품보다 먼저 대표의 메시지에서 일관성의 부재를 느낀다.

결국 브랜드가 무엇을 대표하는지 기억되기 전에, '그때 그때 달라지는 사람'으로 각인되면서 신뢰가 쌓이지 않는다.

또 다른 사례로 소형 F&B 브랜드를 보면 더 선명하다. 대표가 콘텐츠에서 꾸준히 "좋은 재료, 단순한 조리, 속 편한 맛"이라는 관점을 유지하고, 시장을 해석할 때도 "자극이 아니라 지속 가능한 식습관" 같은 기준으로 설명하며, 고객 클레임에도 방어적인 태도 대신 "어떤 지점이 불편했는지 먼저 듣고 개선하겠다"는 방식으로 대응한다면, 소비자는 대표를 '기준 있는 운영자'로 기억한다. 그 기억이 브랜드로 연결되면서 "저기는 말과 행동이 같은 곳"이라는 인식이 생기고, 재구매와 추천으로 이어진다.

또 하나의 이유는 시장 진입 장벽이 낮아졌기 때문이다. 기술과 플랫폼의 발달로 누구나 쉽게 창업할 수 있게 되었지만, 그만큼 경쟁도 과열되었다. 제품의 차별화는 점점 어려워지고, 기능과 가격은 빠르게 복제된다.

이 환경에서 브랜딩은 모방이 가장 어려운 경쟁력이 된다. 브랜드는 단기간에 베낄 수 없는 축적의 결과이기 때문이다.

결국 지금 시대의 브랜딩은 '잘 보이기 위한 장치'가 아니라 선택받기 위한 구조다. 소비자가 복잡한 비교 없이 선택할 수 있도록 기억을 대신 정리해주는 역할을 한다.

그리고 이 구조가 있을 때, 마케팅은 비용이 아니라 투자로 작동한다. 이제 중요한 질문은 '브랜딩을 할 것인가'가 아니다. '어떤 구조로 브랜딩을 설계할 것인가'이다.

3. 브랜딩을 위한 5가지 핵심 요소

브랜딩은 감각이나 재능의 문제가 아니다. 오래 살아남는 브랜드에는 공통적으로 작동하는 구조가 있다. 이 구조를 이해하지 못한 채 시작한 브랜딩은 일관성을 잃고, 메시지는 흩어지며, 결국 소비자의 기억에 남지 않는다. 반대로 최소한의 핵심 요소만 제대로 갖추어도, 작은 브랜드는 충분히 경쟁력을 가질 수 있다.

창업자가 반드시 점검해야 할 브랜딩의 핵심 요소는 다음 다섯 가지다.

1) 브랜드 정체성(Identity) : 우리는 누구인가

브랜딩의 출발점은 '무엇을 팔 것인가'가 아니라 '우리는 어떤 브랜드인가'라는 질문이다.

어떤 문제를 해결하고 싶은지, 어떤 태도와 가치관을 가지고 있는지, 그리고 무엇을 절대 하지 않을 것인지를 먼저 정의해야 한다. 정체성이 분명하지 않으면 브랜드의 모든 선택은 상황에 따라 흔들린다.

정체성은 슬로건이나 미션 문장에만 머물러서는 안 된다. 제품 기획, 가격 정책, 고객을 대하는 태도, 콘텐츠의 말투까지 모두 같은 방향을 가리켜야 한다.

그래서 브랜드에는 반드시 압축된 핵심 메시지가 필요하다.

이 메시지는 '우리는 이런 브랜드입니다'라는 설명이 아니라, 소비자의 언어로 번역된 한 문장에 가깝다. 이 문장이 명확할수록 콘텐츠와 광고, 소개글이 한 방향으로 쌓이고 브랜드의 중심은 흔들리지 않는다.

2) 브랜드 철학과 기준(Philosophy & Principle) : 무엇을 기준으로 선택하는가

정체성이 '우리는 누구인가'에 대한 답이라면 철학은 '어떤 기준으로 선택할 것인가'에 대한 답이다. 브랜딩에서 결정적인 순간은 큰 캠페인이 아니라, 수많은 사소한 결정의 순간이다. 가격을 낮출 것인지 유지할 것인지, 유행을 따를 것인지 거부할 것인지, 단기 매출을 택할 것인지 신뢰를 지킬 것인지. 이때 흔들리지 않게 잡아주는 것이 브랜드 철학이다.

철학이 없는 브랜드는 상황에 따라 말을 바꾸고 태도를 바꾼다. 반대로 철학이 명확한 브랜드는 선택이 느릴 수는 있어도, 방향은 항상 같다. 소비자는 그 반복되는 선택을 통해 브랜드의 성격을 인식한다.

브랜드 철학은 거창한 문장이 아니라, "이럴 때 우리는 이렇게 한다"라는 내부 기준이다. 이 기준이 분명할수록 브랜드는 예측 가능해지고, 그 예측 가능성이 신뢰로 이어진다.

3) 리콜 포인트(Recall Point) : 어떤 순간에 가장 먼저 떠오를 것인가

많은 브랜드가 타깃을 말하지만, 중요한 것은 타깃 자체가 아니라 브랜드가 떠오르는 순간이다.

연령, 성별, 직업보다 더 중요한 질문은 이것이다. "이 사람은 어떤 상황에서 이 브랜드를 떠올려야 하는가?" 브랜딩은 모두를 위한 것이 아니다. 특정한 장면에서, 특정한 감정 상태에 있는 사람의 머릿속에 가장 먼저 떠오르도록 설계되어야 한다.

예를 들어 '저렴한 카페'가 아니라 '혼자 조용히 생각하고 싶을 때 떠오르는 공간', '운동복'이 아니라 '운동을 시작하려다 포기하고 싶을 때 등을 밀어주는 브랜드'처럼 기억의 자리를 선점해야 한다.

이 리콜 포인트가 명확하지 않으면 브랜드는 언제나 비교 대상이 된다. 반대로 리콜 포인드가 분명한 브랜드는 비교가 아니라 첫 번째 선택의 대상이 된다.

4) 접점 경험 설계(Touchpoint) : 어디에서 같은 태도로 만나는가

브랜드는 광고에서만 만들어지지 않는다. 기억은 '과정'에서 만들어진다. 홈페이지, SNS, 패키지, 고객 응대, 리뷰, 그리고 문제가 발생했을 때의 대응까지 모든 접점이 브랜딩이다.

중요한 것은 각 접점을 얼마나 잘 만들었느냐가 아니다. 핵심은 모든 접점에서 같은 톤과 태도를 유지하고 있는가다. SNS에서는 친절한데 고객센터에서는 차갑고, 광고에서는 철학을 말하지만 실제 경험에서는 느껴지지 않는 브랜드는 신뢰를 얻을 수 없다.

브랜드가 하나의 사람처럼 느껴질 때 소비자는 관계를 맺는다. 접점 경험 설계란 브랜드를 여러 채널에 흩어 놓는 것이 아니라, 하나의 성격으로 통합하는 작업이다.

5) 일관성(Consistency) : 반복되는 선택이 기억을 만든다

앞의 네 가지 요소를 하나로 묶는 마지막 핵심은 일관성이다. 브랜딩은 한 번의 선택으로 완성되지 않는다. 같은 방향의 선택을 얼마나 오래, 얼마나 꾸준히 반복하느냐의 문제다.

트렌드는 바뀌고 시장 상황도 달라진다. 하지만 브랜드의 중심이 유지될 때 기억은 강화된다. 일관성은 빠른 성과를 만들어주지는 않지만, 브랜드를 쉽게 흔들리지 않게 만든다. 반대로 한 번 무너진 일관성은 회복하는 데 가장 많은 시간과 비용을 요구한다.

결국 강한 브랜드란 화려한 아이디어가 많은 브랜드가 아니라, 자기 기준을 오래 지켜낸 브랜드다. 이 다섯 가지 요소가 제대로 작동할 때 브랜딩은 감각이 아니라 구조가 되고, 브랜드는 우연이 아니라 결과가 된다.

또한 이 다섯 가지 요소는 독립적으로 존재하지 않는다. 하나라도 빠지면 브랜드는 구조를 잃는다. 중요한 점은, 이 요소들이 완벽해야 시작할 수 있는 것이 아니라는 것이다. 점검하고, 정리하고, 의식적으로 선택하는 순간부터 브랜딩은 시작된다.

다음에서는 이 다섯 가지 요소를 바탕으로, 창업자가 반드시 실행해야 할 구체적인 브랜딩 행동 목록을 살펴본다. 브랜딩을 '이해하는 단계'에서 '실행하는 단계'로 옮기는 과정이다.

4. 창업자가 반드시 실행해야 할 브랜딩 체크리스트

브랜드는 시장에 평가받기 전에, 먼저 창업자 스스로에게 검증되어야 한다. 지금 이 브랜드가 제대로 작동하고 있는지를 확인하는 가장 확실한 방법은 복잡한 전략을 세우는 일이 아니라, 몇 가지 핵심 질문에 솔직하게 답해보는 것이다.

이 질문들은 성과를 평가하기 위한 것이 아니다. 잘하고 있는지를 따지기보다, 브랜드가 처음 의도한 방향대로 인식되고 있는지를 점검하기 위한 기준에 가깝다.

아래의 체크리스트는 브랜드를 판단하는 잣대가 아니라, 창업자가 브랜드의 중심을 다시 붙잡기 위해 반드시 거쳐야 할 사고의 과정이다.

1) 나는 내 브랜드를 한 문장으로 설명할 수 있는가?

브랜딩의 출발점은 언제나 정의다. 브랜드를 한 문장으로 설명할 수 있느냐는 질문은 말을 잘하느냐의 문제가 아니라, 생각이 정리되어 있느냐의 문제다. 이 문장은 제품 설명이어서는 안 된다. '무엇을 판다'가 아니라 '어떤 태도를 가진 브랜드인가'가 드러나야 한다.

창업자 브랜딩 실행 체크리스트

✓	브랜드 정의	나는 내 브랜드를 한 문장으로 설명할 수 있는가
✓	핵심 경험	팔고 싶은 것보다 남기고 싶은 기억이 정리되어 있는가
✓	고객 연상	고객은 어떤 상황에서 이 브랜드를 떠올려야 하는가
✓	일관된 톤앤매너	모든 채널에서 브랜드 말투가 같은가
✓	창업자 이미지 조화	창업자의 이미지와 브랜드가 충돌하지 않는가
✓	의사결정 기준	모든 결정에 '이 브랜드답다'는 기준이 있는가
✓	점검 및 관리	브랜딩을 지속적으로 점검하고 관리하고 있는가

다음 문장을 20초 안에 말하지 못한다면 브랜드의 방향은 아직 내부에서도 합의되지 않았다는 뜻이다. 브랜드 정의가 흔들리면 소개글, 미팅, 콘텐츠마다 말이 달라진다. 소비자는 이 불일치를 직감적으로 감지하고 신뢰를 거둔다.

이 문장들은 브랜드를 제한하는 장치가 아니라, 모든 메시지를 같은 방향으로 묶어주는 중심축이다.

2) 팔고 싶은 것보다 남기고 싶은 기억이 정리되어 있는가

브랜드는 거래로 끝나지 않는다. 구매 이후에 남는 인상이 브랜드의 실제 가치다. 많은 창업자가 가격, 기능, 혜택을 중심으로 브랜드를 설명한다.

하지만 소비자의 기억에 남는 것은 정보가 아니라 감정이다. '괜찮다'는 기억은 쉽게 대체되지만, '편안했다', '믿음이 갔다', '나를 이해해줬다'는 기억은 남는다. 이 브랜드를 떠올렸을 때 소비자의 머릿속에 어떤 감정 단어가 남아야 하는지 창업자 스스로 명확히 알고 있어야 한다. 그 감정이 정리되어 있지 않다면 콘텐츠와 응대, 디자인은 제각각의 메시지를 보내게 된다.

3) 고객은 어떤 상황에서 이 브랜드를 떠올려야 하는가

브랜딩은 '누구에게 팔 것인가'보다 '언제 떠올려질 것인가'를 설계하는 일이다. 사람은 브랜드를 항상 떠올리지 않는다. 특정한 순간에만 브랜드가 선택된다. 문제가 생겼을 때, 비교해야 할 때, 누군가에게 추천할 때, 이 중 어떤 순간에 이 브랜드가 먼저 떠올라야 하는지가 명확해야 한다.

타깃을 넓게 잡을수록 기억되는 순간은 흐려진다. 반대로 떠올릴 순간이 구체적일수록 브랜드는 경쟁 없이 선택된다.

4) 모든 채널에서 브랜드 말투가 같은가

브랜드는 말투를 가진다. 이 말투는 광고 문구에만 적용되는 것이 아니다. SNS 글, 홈페이지 문장, 메시지 응대, 문제 상황에서의 대응까지 모든 접점에서 같은 태도가 느껴져야 한다.채널마다 말투가 달라지면 소비자는 브랜드를 하나의 존재로 인식하지 못한다.

브랜드가 한 사람처럼 느껴질 때 신뢰는 자연스럽게 쌓인다. 일관성은 눈에 띄지 않지만, 없을 때 가장 빠르게 신뢰를 무너뜨린다.

브랜드 정체성 및 관리 체크리스트

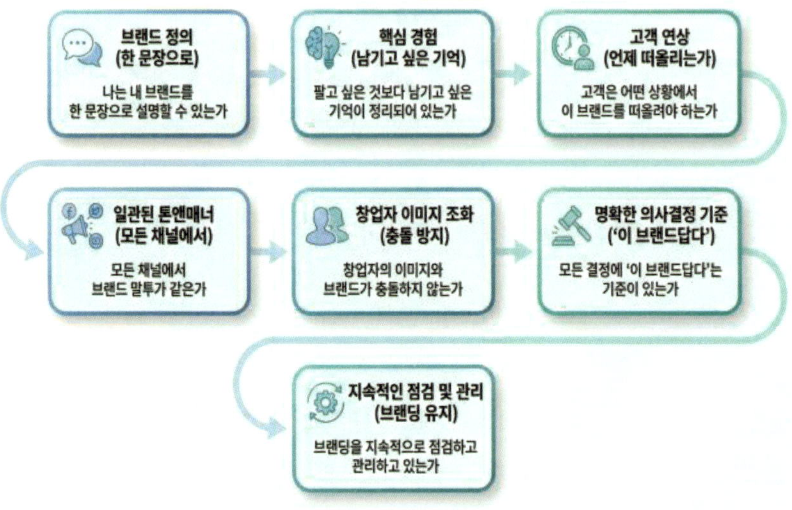

5) 창업자의 이미지와 브랜드가 충돌하지 않는가

작은 브랜드일수록 창업자는 브랜드의 얼굴이 된다. 대표가 말하는 가치와 실제 행동이 다르다면 브랜드 전체의 신뢰가 흔들린다. 특히 창업자가 콘텐츠에 등장하는 경우, 개인의 발언과 태도는 그대로 브랜드 이미지로 해석된다.

퍼스널 브랜딩은 브랜드를 돋보이게 할 수도 있지만, 관리되지 않으면 브랜드를 흐릴 수도 있다. 창업자는 브랜드 밖에 있는 사람이 아니라 브랜드 안에 포함된 존재임을 인식해야 한다.

6) 모든 결정에 '이 브랜드답다'는 기준이 있는가

브랜드 기준이 없는 결정은 결국 상황과 감정에 따라 흔들린다. 가격을 정할 때, 협업을 선택할 때, 트렌드를 따라갈지 말지를 고민할 때 '이 브랜드답다'는 기준이 작동해야 한다.

브랜드는 무엇을 했느냐보다 무엇을 하지 않았느냐로 더 선명해진다. 선택을 거절할 수 있는 기준이 있을 때 브랜드의 정체성은 단단해진다.

7) 브랜딩을 지속적으로 점검하고 관리하고 있는가

브랜딩은 한 번 만들고 끝내는 작업이 아니다. 시장은 변하고, 고객은 바뀐다. 브랜드 역시 점검과 조정이 필요하다. 브랜딩을 이벤트처럼 다루는 순간 브랜드는 현실과 멀어진다.

정기적으로 점검할 구조가 있는지, 브랜드 관리를 책임지는 사람이 명확한지 중요하다. 브랜딩은 프로젝트가 아니라 운영되는 시스템이다. 이 시스템을 가진 브랜드만이 시간이 지날수록 자산이 된다. 이 질문들에 바로 답하지 못해도 괜찮다. 중요한 것은 답하지 못하는 질문이 무엇인지 아는 것이다.

브랜드는 한 번에 완성되지 않는다. 그러나 이 질문들을 외면한 채 실행을 반복하면 브랜딩은 반드시 흔들린다. 이 질문에 답하기 시작하는 순간, 브랜드는 비로소 방향을 갖게 된다.

5. 브랜딩은 끝나는 작업이 아니라 '관리되는 구조'

1) 브랜딩은 '시작'이지만, 방치되면 무너진다

많은 창업자들이 브랜딩을 한 번의 작업으로 오해한다. 로고를 만들고, 슬로건을 정하고, 홈페이지를 오픈하면 브랜딩이 끝났다고 생각한다. 하지만 실제로 그 시점은 브랜딩의 시작점에 가깝다.

브랜딩은 결과물이 아니라 구조다. 그리고 그 구조는 시간이 지날수록 강화되거나, 방치되면 무너진다. 브랜딩이 무너지는 가장 흔한 이유 초기에는 분명한 방향이 있었지만 시간이 지나면서 다음과 같은 변화가 생기기 때문이다.

① 매출 압박으로 브랜드 톤과 맞지 않는 할인·이벤트를 반복한다.
② 트렌드에 맞추다 보니 기존 브랜드 이미지와 충돌한다.
③ 채널이 늘어나며 말투와 태도가 제각각이 된다.
④ 창업자의 생각이 바뀌었지만 브랜드 구조는 업데이트되지 않는다.

이때 브랜드는 서서히 기억에서 흐려지기 시작한다. 문제는 이 변화가 눈에 잘 띄지 않는다는 점이다. 매출은 당장 유지되지만, 팬은 줄어들고 브랜드 충성도는 낮아진다.

2) 브랜딩은 '일관성'이 아니라 '방향에 맞는 조정'이다

관리되는 브랜드는 다음 질문을 주기적으로 점검한다.

① 지금의 선택이 여전히 이 브랜드다운가
② 고객이 실제로 기억하는 브랜드 이미지가 우리가 의도한 것과 같은가
③ 콘텐츠, 가격, 응대 방식이 같은 방향을 향하고 있는가

반대로 방치된 브랜드는 "일단 팔리니까", "다들 이렇게 하니까"라는 이유로 선택을 반복한다. 이 선택들이 쌓이면, 브랜드는 더 이상 하나의 성격을 갖지 못한다.

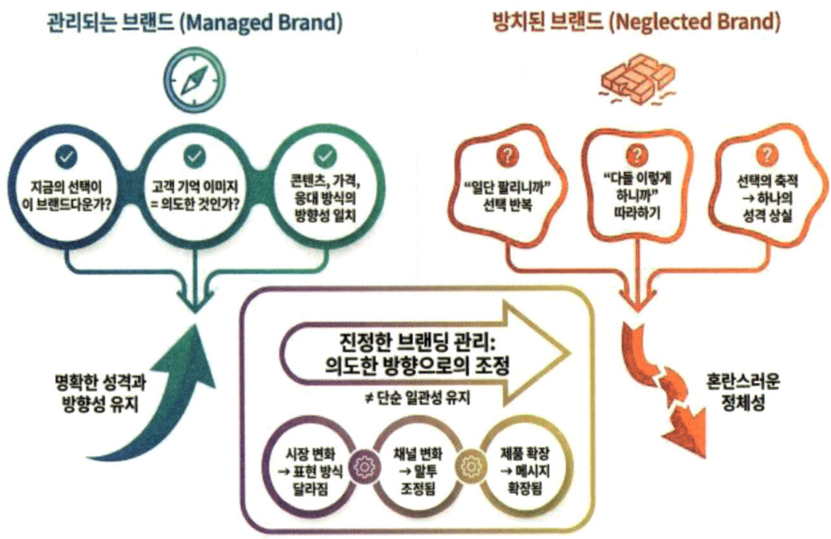

브랜딩 관리의 핵심은 단순히 '일관성을 유지하는 것'이 아니다. 많은 사람들이 브랜드를 관리한다는 것을 곧 동일한 메시지와 동일한 표현을 반복하는 일로 이해하지만, 실제로 중요한 것은 그보다 더 유연하고 정교한 개념이다. 브랜딩은 고정된 형태를 지키는 작업이 아니라, 변화하는 환경 속에서도 브랜드가 의도한 방향을 잃지 않도록 계속해서 조정해 나가는 과정에 가깝다.

시장은 끊임없이 변하고, 소비자의 기대 역시 빠르게 바뀐다. 이때 브랜드가 과거의 표현 방식만을 고집하면 오히려 시대와 어긋나게 된다. 같은 메시지를 전달하더라도, 지금의 시장 맥락에 맞게 표현 방식은 충분히 달라질 수 있어야한다.

또한 채널이 달라지면 커뮤니케이션 방식 역시 달라지는 것이 자연스럽다. 오프라인 매장에서의 말투와 SNS 콘텐츠에서의 말투가 완전히 같을 필요는 없으며, 오히려 각 접점의 특성에 맞게 조정되는 것이 더 효과적이다.

제품이 확장되는 경우에도 마찬가지다. 새로운 라인업이 추가되면 전달해야 할 메시지의 범위는 넓어질 수밖에 없고, 브랜드는 그 확장을 자연스럽게 담아낼 수 있어야 한다.

하지만 이런 변화 속에서도 반드시 유지되어야 하는 것이 있다. 바로 고객의 머릿속에 남는 '핵심 기억'이다. 표현은 달라질 수 있고, 채널과 상황에 따라 말하는 방식은 바뀔 수 있으며, 제품 확장에 따라 메시지가 넓어질 수도 있다. 그럼에도 불구하고 고객이 이 브랜드를 떠올렸을 때 일관되게 느끼는 인상이 있다면, 그 브랜드는 제대로 관리되고 있는 것이다.

결국 중요한 기준은 이것이다. 고객이 어떤 상황에서든 "그래도 이 브랜드는 ○○하다"라고 말할 수 있는가. 이 한 문장이 유지되고 있다면, 겉으로 보이는 변화와 확장 속에서도 브랜드의 구조는 흔들리지 않고 유지되고 있다고 볼 수 있다.

결국 브랜딩은 선택의 기록이다. 브랜드는 회의실에서 만들어지지 않는다. 가격을 정할 때, 협업을 결정할 때, 한 문장의 답장을 보낼 때 만들어진다. 그 선택들이 반복되며 하나의 성격을 만들고, 그 성격이 기억으로 남는다. 그래서 브랜딩은 완성형 명사가 아니라 지속적으로 관리되는 동사에 가깝다.

6. 브랜딩을 실행으로 옮기기 위한 설계 질문

브랜딩은 이해하는 것만으로는 아무 변화도 만들지 못한다. 앞에서 살펴본 구조와 기준은 결국 실행을 통해서만 의미를 갖는다. 많은 창업자가 방향을 알고 있음에도 결과를 만들지 못하는 이유는, 브랜딩을 '생각의 단계'에 머물러 두기 때문이다.

이제 필요한 것은 완벽한 전략이 아니라, 지금 당장 실행할 수 있는 기준이다. 다음 질문들은 브랜딩을 실제 행동으로 연결하기 위해 반드시 점검해야 할 핵심 질문들이다.

1) 지금 당장 바꿔야 할 브랜드 요소는 무엇인가

브랜딩은 한 번에 완성되지 않는다. 현재 브랜드에서 가장 먼저 수정해야 할 요소를 하나만 선택해야 한다. 말투일 수도 있고, 메시지일 수도 있으며, 고객 응대 방식일 수도 있다. 모든 것을 동시에 바꾸려 하면 아무것도 바뀌지 않는다. 가장 영향력이 큰 한 지점을 먼저 정리하는 것이 시작이다.

2) 고객이 실제로 경험하는 브랜드는 무엇인가

창업자가 의도한 브랜드와 고객이 경험하는 브랜드는 다를 수 있다. 홈페이지, SNS, 상담, 배송, 리뷰까지 실제 고객이 접하는 모든 과정에서 어떤 인상이 남는지 점검해야 한다. 브랜드는 '의도'가 아니라 '경험'으로 정의된다. 내가 생각하는 브랜드가 아니라, 고객이 느끼는 브랜드를 기준으로 판단해야 한다.

3) 반복 가능한 브랜딩 행동이 정리되어 있는가

브랜딩은 특별한 이벤트가 아니라 반복 가능한 행동에서 만들어진다. 콘텐츠 업로드 방식, 고객 응대 기준, 메시지 톤처럼 일상적으로 반복되는 행동이 정리되어 있어야 한다. 이 기준이 없으면 브랜딩은 상황에 따라 달라지고, 결국 일관성이 무너진다.

4) 단기 성과와 브랜드 기준이 충돌할 때 무엇을 선택할 것인가

브랜딩에서 가장 어려운 순간은 매출과 기준이 충돌하는 순간이다. 할인, 자극적인 표현, 트렌드 편승 등 단기 성과를 만들 수 있는 선택은 항상 존재한다. 이때 기준 없이 선택하면 브랜드는 빠르게 무너진다. 미리 원칙을 정해 두어야 한다. "이 상황에서는 무엇을 하지 않을 것인가"가 더 중요하다.

5) 브랜딩을 점검하는 주기가 있는가

브랜딩은 시간이 지나면서 반드시 흔들린다. 그래서 정기적으로 점검하는 구조가 필요하다. 한 달, 분기, 혹은 특정 지표 변화 시점마다 브랜드를 점검하는 기준을 만들어야 한다. 점검 없는 브랜딩은 유지되지 않는다. 관리되는 브랜드만이 시간이 지날수록 자산으로 남는다.

이 장의 핵심 정리

브랜딩은 이해하는 것이 아니라 실행하는 것이다. 방향을 아는 것과 실제로 브랜드가 그렇게 작동하는 것은 완전히 다른 문제다. 작은 브랜드일수록 완벽한 전략보다 중요한 것은 반복 가능한 기준이다. 하나의 메시지, 하나의 태도, 하나의 선택을 꾸준히 유지하는 것이 브랜드를 만든다. 결국 브랜딩은 거창한 계획이 아니라, 매일 반복되는 선택의 결과다. 이 선택이 의도된 방향으로 쌓일 때 브랜드는 비로소 하나의 기억으로 자리 잡는다.

4장

브랜딩은
이렇게 설계되고 움직인다

1. 브랜딩의 시작은 '한 문장'이다

1) 브랜드는 겉모습이 아니라 '문장'에서 시작된다

브랜딩을 시작한다고 하면 많은 사람들이 제일 먼저 떠올리는 것은 로고, 색깔, 슬로건이다. 어떤 폰트를 쓸지, 어떤 색 조합이 세련돼 보일지, 인스타그램 피드를 어떻게 깔끔하게 맞출지부터 생각한다. 겉에서 보이는 요소들이니까 당연히 중요해 보이고, 눈에도 잘 들어온다.

그런데 실제로 오래 살아남는 브랜드들을 보면, 출발점이 다르다. 이들은 겉모습을 결정하기 전에 먼저 말 하나를 만든다. 아주 짧고 단순한, 단 하나의 문장이다.

이 문장은 광고 카피도 아니고, 멋있어 보이려고 만든 슬로건도 아니다. "이 브랜드는 왜 존재하는가?", "이 브랜드는 누구의 어떤 문제를 어떤 태도로 해결하는가?"에 답하는, 브랜드의 기준 문장이다.

이 문장이 없는 상태에서 시작한 브랜딩은 방향 없는 항해와 비슷하다. 배는 멋있고, 엔진도 좋고, 열심히 전진하기는 한다. 하지만 어디로 가는지, 어느 방향이 맞는지, 지금 속도를 내야 하는지 멈춰야 하는지에 대한 기준이 없다.

그래서 디자인은 그럴듯한데, 캠페인도 열심히 하는데, 시간이 지나면 "결국 뭐 하는 브랜드였지?"라는 질문만 남는다. 고객의 머릿속에는 분명한 문장이나 장면이 쌓이지 않는다.

반대로, 단 하나의 문장이 분명한 브랜드는 모든 선택이 빨라진다. 제품을 더 만들 것인지, 가격을 올릴 것인지, 어떤 고객의 요구를 받아들이고 어떤 요구는 거절할 것인지 고민할 때마다 그 문장으로 돌아간다. "우리 한 문장과 맞는가, 아닌가?"가 기준이 된다. 이 기준 덕분에 브랜드는 상황에 휘둘리기보다, 스스로 방향을 잡을 수 있다.

2) 겉모습에서 시작하면 생기는 질문들

겉모습에서 시작하면 생기는 문제가 있다. 로고와 색깔, 슬로건을 먼저 정하면 일단 뭔가를 "해낸 것 같은" 느낌이 든다. 눈에 보이는 결과물이 빠르게 나오기 때문에 홈페이지를 만들고, 명함을 제작하고, SNS 계정을 열어 이미지를 채워 넣는 일까지는 비교적 수월하게 진행된다. 겉으로 보기에는 브랜드가 이미 어느 정도 갖춰진 것처럼 느껴지기도 한다.

하지만 시간이 조금만 지나면, 그 안에서 비어 있는 부분이 드러나기 시작한다. 콘텐츠를 계속 만들어야 하는 순간이 오고, 고객과 소통해야 하는 상황이 반복되면서 점점 더 근본적인 질문과 마주하게 된다. 우리는 도대체 무엇을 말하려고 이 브랜드를 시작했는지, 지금 만들고 있는 이 메시지와 콘텐츠가 정말 우리다운 것인지, 아니면 단지 다른 브랜드의 방식을 따라 하고 있는 것인지 스스로 의심하게 된다. 더 나아가 새로운 고객을 잡기 위해 방향을 바꾸려는 순간에는, 이 변화가 전략적인 선택인지 아니면 기준 없이 흔들리는 것인지 판단하기 어려워진다.

이런 고민이 반복되는 이유는 단순하다. 겉모습은 빠르게 만들 수 있지만, 그 겉을 채우는 이야기와 기준이 없는 상태에서는 브랜드가 스스로 방향을 설명하지 못하기 때문이다. 로고와 컬러, 슬로건은 브랜드를 드러내는 도구일 뿐이고, 그 자체가 브랜드의 본질을 만들어주지는 않는다. 결국 브랜드를 오래 유지하게 만드는 힘은 '왜 이 브랜드가 존재하는가'에 대한 내부의 확신에서 나온다.

그래서 브랜딩은 겉을 만드는 것에서 시작하는 것이 아니라, 그 안을 먼저 정의하는 것에서 출발해야 한다. 무엇을 보여줄 것인가보다, 왜 이 브랜드를 해야 하는가에 대한 답이 먼저 있어야 한다. 그 기준이 명확해질 때, 이후에 만들어지는 모든 겉모습은 단순한 장식이 아니라 브랜드의 방향을 드러내는 결과로 자연스럽게 이어진다.

"우리 브랜드를 한 문장으로 설명하면 뭐라고 할 수 있을까?"
이 질문이 막연하게 느껴질 수 있다. 그렇지만 이 질문을 피하면, 언젠가 더 큰 혼란으로 돌아온다.

3) 좋은 기준 문장을 만들기 위한 질문

브랜딩 관리의 핵심은 단순히 '일관성을 유지하는 것'이 아니다. 많은 사람들이 브랜드를 관리한다는 것을 곧 동일한 메시지와 동일한 표현을 반복하는 일로 이해하지만, 실제로 중요한 것은 그보다 더 유연하고 정교한 개념이다. 브랜딩은 고정된 형태를 지키는 작업이 아니라, 변화하는 환경 속에서도 브랜드가 의도한 방향을 잃지 않도록 계속해서 조정해 나가는 과정에 가깝다.

시장은 끊임없이 변하고, 소비자의 기대 역시 빠르게 바뀐다. 이때 브랜드가 과거의 표현 방식만을 고집하면 오히려 시대와 어긋나게 된다. 같은 메시지를 전달하더라도, 지금의 시장 맥락에 맞게 표현 방식은 충분히 달라질 수 있어야 한다. 또한 채널이 달라지면 커뮤니케이션 방식 역시 달라지는 것이 자연스럽다.

오프라인 매장에서의 말투와 SNS 콘텐츠에서의 말투가 완전히 같을 필요는 없으며, 오히려 각 접점의 특성에 맞게 조정되는 것이 더 효과적이다. 제품이 확장되는 경우에도 마찬가지다. 새로운 라인업이 추가되면 전달해야 할 메시지의 범위는 넓어질 수밖에 없고, 브랜드는 그 확장을 자연스럽게 담아낼 수 있어야 한다.

하지만 이런 변화 속에서도 반드시 유지되어야 하는 것이 있다. 바로 고객의 머릿속에 남는 '핵심 기억'이다. 표현은 달라질 수 있고, 채널과 상황에 따라 말하는 방식은 바뀔 수 있으며, 제품 확장에 따라 메시지가 넓어질 수도 있다. 그럼에도 불구하고 고객이 이 브랜드를 떠올렸을 때 일관되게 느끼는 인상이 있다면, 그 브랜드는 제대로 관리되고 있는 것이다.

결국 중요한 기준은 이것이다. 고객이 어떤 상황에서든 "그래도 이 브랜드는 ○○하다"라고 말할 수 있는가. 이 한 문장이 유지되고 있다면, 겉으로 보이는 변화와 확장 속에서도 브랜드의 구조는 흔들리지 않고 유지되고 있다고 볼 수 있다.

그래서 브랜딩은 겉을 만드는 것에서 시작하는 것이 아니라, 그 안을 먼저 정의하는 것에서 출발해야 한다. 무엇을 보여줄 것인가보다, 왜 이 브랜드를 해야 하는가에 대한 답이 먼저 있어야 한다.

이때 스스로에게 던져야 할 가장 기본적인 질문이 있다. "우리 브랜드를 한 문장으로 설명하면 뭐라고 할 수 있을까?" 이 질문이 막연하게 느껴질 수 있다. 그렇지만 이 질문을 피하면, 언젠가 더 큰 혼란으로 돌아온다.

4) 기준 문장이 다른 브랜드의 차이

예를 들어, "좋은 제품을 합리적인 가격에 제공하는 브랜드"라는 문장은 너무 막연하다. 누구에게나 틀리지 않은 말이다. 하지만 이 문장을 읽고 떠오르는 사람, 상황, 감정이 거의 없다.

반면, "육아로 지친 엄마가 하루 10분이라도 스스로를 돌볼 수 있게 돕는 브랜드"라는 문장은 다르다. 이 문장에는 '누구'가 나온다. (육아로 지친 엄마) '어떤 순간'이 나온다. (하루 10분이라도 자신을 돌보는 시간) '무엇을 해주는 지'와 '어떤 태도인지'가 함께 들어 있다. (돕는 브랜드, 즉 지지하고 다독이는 태도) 이 문장 하나만으로도 브랜드의 방향, 톤, 콘텐츠의 분위기, 떠올릴 수 있는 고객의 얼굴이 동시에 그려진다. 이 차이가 크다.

5) 기준 문장이 없는 브랜드에서 나타나는 신호

기준 문장이 없는 상태에서 브랜딩을 시작하면 처음에는 드러나지 않는다. 디자인도 만들고, SNS도 열고, 광고도 할 수 있기 때문이다. 하지만 시간이 지나면서 이런 현상들이 나타난다.

① 메시지가 매번 바뀐다

어떤 날은 "가성비가 최고"라고 말하고, 또 어떤 날은 "프리미엄 감성"을 강조한다. 때로는 "유머러스한 브랜드"처럼 보이다가, 다른 순간에는 "진지한 전문가"처럼 말하기도 한다. 브랜드가 어떤 태도로 말해야 하는지에 대한 기준이 없기 때문이다.

② 마케팅은 열심히 하는데 기억이 남지 않는다

콘텐츠도 많이 만들고 광고도 꾸준히 집행한다. 하지만 소비자의 머릿속에는 이 브랜드를 떠올리게 하는 '한 줄'이 남지 않는다. 결국 "어디서 본 것 같긴 한데…"라는 흐릿한 인상만 남게 된다.

③ 결정을 내릴 때마다 갈등이 커진다

제품 카테고리를 확장할지 말지, 특정 고객의 요구를 받아들일지 말지, 트렌드에 맞춰 콘셉트를 바꿀지 말지. 브랜드의 기준이 없으면 작은 의사결정 하나에도 내부 고민이 커지기 시작한다.

④ 매출이 흔들릴 때 쉽게 방향을 잃는다
브랜드가 어느 정도 성장하다 보면 흔들리는 시점이 반드시 온다. 매출이 잠시 떨어질 때, 경쟁사가 잘 나가 보일 때, 새로운 트렌드가 등장했을 때다. 이때 기준 문장이 없는 브랜드는 쉽게 이렇게 말하게 된다. "우리도 저 방식 한번 해볼까?" 결국 여러 방향을 따라가다 보면 브랜드의 정체성은 점점 흐려지기 쉽다.

6) 기준 문장은 브랜드의 필터가 된다

반대로, 한 문장이 분명한 브랜드는 모든 판단이 쉬워진다. 예를 들어 기준 문장이 이렇다고 해보자. "육아로 지친 엄마가 하루 10분이라도 스스로를 돌볼 수 있게 돕는 브랜드." 그러면 이런 의사결정을 할 때 기준이 매우 명확해진다.

제품을 늘릴지 말지 고민할 때 먼저 엄마의 10분을 더 힘들게 만드는 제품인지, 아니면 그 10분을 더 편안하게 해주는 제품인지 본다. 기준에 맞지 않으면, 아무리 돈이 돼 보이는 상품이라도 과감히 포기할 수 있다.

또한 어떤 고객 요구를 받아들일지 고민할 때 "이 기능을 추가해달라"는 요청이 엄마의 10분을 지켜주는 데 도움이 되는지, 아니면 그 10분을 더 바쁘게 만들지는 않는지 생각해 본다. 어떤 언어를 쓸지 고민할 때는 엄마에게 죄책감을 더 느끼게 하는 문장은 자연스럽게 제외된다.

대신 "오늘도 잘 버텼어요" 같은 문장이 중심에 자리 잡는다. 어떤 트렌드를 받아들일지 고민할 때는 유행하는 밈, 영상 포맷, 챌린지를 쓸지 말지 판단할 때도 "이게 엄마의 10분을 덜 외롭게 만들까?"라는 질문을 던진다.

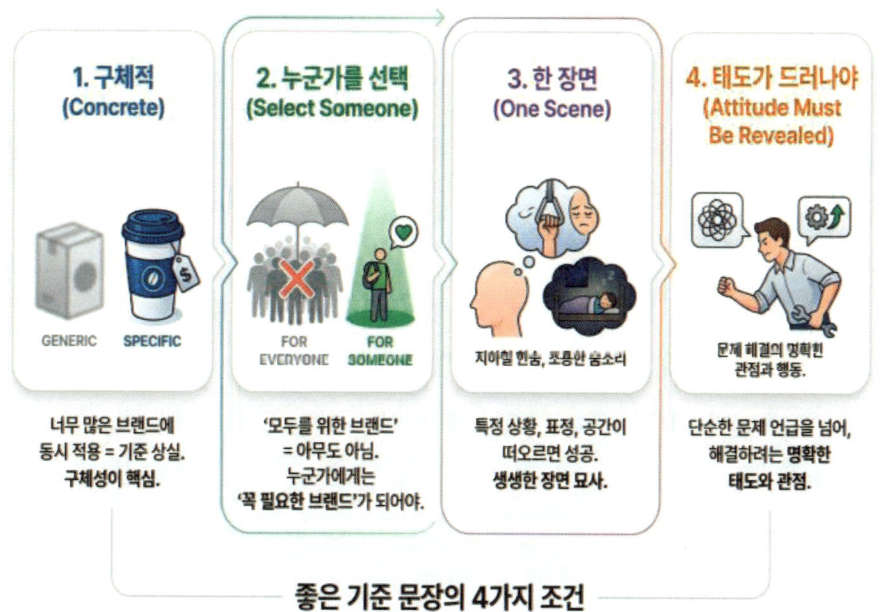

이처럼 기준 문장은 일종의 필터가 된다. 브랜드의 모든 행동은 이 문장을 강화하는 쪽으로만 움직이게 된다.

중요한 점 하나는 이 문장은 처음부터 세련될 필요도 없고, 외부 발표용 문구일 필요도 없다. 처음에는 오히려 조금 투박하고 솔직할수록 좋다. 왜냐하면 이 문장은 투자를 받기 위한 피치덱 문구이기 전에, 홈페이지에 걸기 위한 슬로건이기 전에, 브랜드를 만든 사람 스스로를 위한 기준이어야 하기 때문이다.

매출이 급해지거나, 경쟁사가 잘되는 것처럼 보이거나, "지금은 이게 대세"라는 말이 쏟아질 때 그때 이 문장이 흔들리면 브랜딩은 갑자기 어려워진다.

"우리도 저렇게 해야 하나?", "이제는 방향을 바꿔야 하나?" 하는 고민이 끝없이 밀려온다. 하지만 마음속에 단단한 한 문장이 있으면 완벽한 답은 아니더라도 이렇게 생각할 수 있다. "우리가 도와주려던 사람이 누구였지?", "우리가 지키고 싶었던 하루의 순간은 무엇이었지?", "우리가 처음에 싫어했던 방식은 무엇이었지?" 이 질문들이 브랜드를 다시 처음 자리로 돌려놓는다.

그렇다면 좋은 기준 문장은 어떤 특징을 가질까? 먼저 구체적이어야 한다. "좋은 제품을 합리적인 가격에 제공한다"는 말은 틀린 말은 아닌데, 너무 많은 브랜드에 동시에 적용된다. 구체성이 떨어지면, 고객에게도 내부 팀에게도 기준이 되지 못한다.

또한 누군가를 선택하는 문장이어야 한다. "모두를 위한 브랜드"라는 말은 들을 때는 좋지만, 실제로는 아무도 정확히 떠오르지 않는다. "누군가에게는 아주 잘 맞지만, 누군가에게는 굳이 필요 없는 브랜드"라는 느낌이 날 정도로 선택적이어야 한다.

그리고 한 장면이 떠오르면 좋다. 그 문장을 읽었을 때 특정 상황, 표정, 공간이 함께 떠오르면 성공이다. "지하철 손잡이를 잡고 있는 사람의 한숨", "아이 재우고 불 끈 방 안의 조용한 숨소리" 같은 장면이 떠오르는 문장일수록 강하다.

마지막으로 태도가 드러나야 한다. 단순히 문제만 말하는 것이 아니라, 그 문제를 어떤 태도로 바라보고 해결하려 하는지가 드러나야 한다.

브랜딩의 여정은 다음과 같이 이어진다.

첫째, 한 문장을 만든다. 왜 존재하는지, 누구의 어떤 순간을 함께할지를 정리한다. 이 문장을 바탕으로 카피, 설명, 고객 응대 톤이 정리되며, 무엇을 말할지가 아니라 어떻게 말할지가 통일된다. 또한 브랜드의 색, 폰트, 사진 스타일 등 분위기를 정하는 기초가 된다.

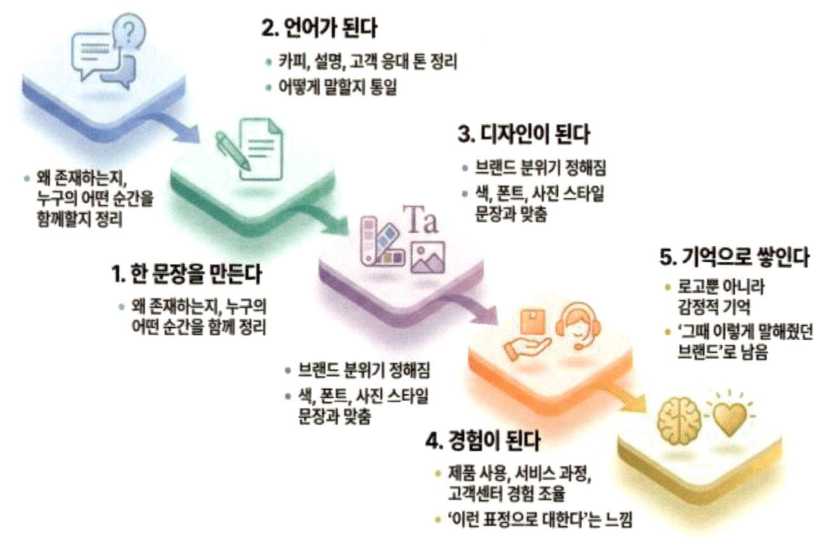

둘째, 언어가 된다. 카피, 설명, 고객 응대 등 모든 메시지가 한결같은 방식으로 전달된다. 어떤 상황에서도 동일한 톤과 방식으로 브랜드가 말하는 느낌을 유지할 수 있다.

셋째, 디자인이 된다. 브랜드의 색, 폰트, 사진 스타일이 문장과 감정에 맞춰 결정된다. 시각적 요소를 통해 브랜드의 정체성과 감각을 표현하는 단계다.

넷째, 경험이 된다. 제품을 쓰는 순간, 서비스를 받는 과정, 고객센터를 접하는 경험까지 문장과 디자인에 맞춰 조율된다. 고객은 "이 브랜드는 이런 표정으로 나를 대한다"는 느낌을 체감한다.

다섯째, 기억으로 쌓인다. 사람들은 단순히 로고만 기억하는 것이 아니라, "그때 나에게 이렇게 말하고 느껴줬던 브랜드"로 기억하게 된다. 브랜드 경험이 감정과 함께 고객의 기억 속에 남는다.

브랜딩의 여정은 이렇게 하나의 일관된 이야기와 경험을 만들어, 브랜드와 고객 사이에 깊은 연결과 신뢰를 쌓는 과정으로 완성된다.

2. 타깃이 아니라 '페르소나의 하루'를 설계하라

1) 타깃 정의의 한계

브랜딩을 시작하며 대부분 같은 질문부터 듣게 된다. "타깃이 누구인가요?"

나이, 성별, 직업, 소득 수준을 적어 내려가며 '우리 고객'을 정의하는 일은 오랫동안 마케팅의 출발점으로 여겨져 왔다. 20대 여성, 30대 직장인, 40대 남성, 수도권 거주, 연 소득 얼마… 이런 식의 타깃 정의는 익숙하고, 숫자로 정리하기도 쉽다.

하지만 문제는 바로 여기서 시작된다. 타깃은 설명하기에는 편리하지만, 기억을 만들지는 못한다. 브랜딩의 핵심은 결국 "사람 머릿속에 어떤 장면으로 남느냐"의 싸움인데, 타깃 정보만으로는 그 장면이 잘 떠오르지 않는다.

예를 들어 보자. "30대 여성, 맞벌이, 수도권 거주." 이 정보만 보고 다음 질문에 답할 수 있을까? 대부분 막막하다. 이 타깃 정의는 "설명"은 되지만, "장면"을 만들어 주지 못하기 때문이다. 타깃은 통계에 가깝다. 시장을 나누고, 예산을 배분하고, 광고를 어디에 집행할지 정하는 데는 유용하다.

하지만 브랜딩은 통계 위에서 끝나지 않는다. 누군가의 삶에 개입하는 작업이다. 어느 아침에, 어떤 표정으로, 어떤 마음일 때 우리 브랜드가 스며들지, 그 "하루의 단면"을 설계하는 일이 브랜딩이다.

2) 페르소나의 하루를 상상하기

브랜드는 타깃으로 멈추면 안 된다. 타깃이 아니라 '페르소나의 하루'를 설계해야 한다. 페르소나는 엑셀에 적힌 조건의 묶음이 아니다. 살아 있는 사람의 하루를 떠올리는 작업에서 시작된다.

"이 사람은 아침에 어떤 기분으로 눈을 뜰까?" "출근길에 무엇을 보면서 무슨 생각을 할까?" "언제 제일 짜증이 나고, 언제 가장 안도할까?" "하루가 끝나는 밤, 무엇을 후회하고 무엇을 다짐할까?" 이 질문들에 답하며 그려지는 것이 페르소나다.

조금 더 구체적으로 상상해 보자. 알람을 세 번이나 끄고 겨우 눈을 뜨는 사람인지, 침대에서 바로 휴대폰을 들어 인스타그램을 켜는 사람인지, 아이를 먼저 깨워 챙기느라 자기 생각은 잠시 뒤로 미루는 사람인지, 출근길 지하철에서 이

어폰을 끼고 짧은 영상으로 머리를 식히는 사람인지, 이런 하루의 디테일이 모여야 페르소나는 비로소 "숫자"가 아니라 "사람"이 된다.

3) 타깃과 페르소나의 차이 : 육아용품 예시

육아용품 브랜드를 예로 들어보자. 전통적인 마케팅 방식에서 타깃은 보통 다음과 같이 정리된다.

① 30대 초반 여성
② 유자녀(첫째 3~5세)
③ 수도권 거주
④ 맞벌이 혹은 경단녀

이 정보는 미디어 플래닝에는 분명 도움이 된다. 어떤 채널에 광고를 집행할지, 어느 시간대에 노출할지, 예산을 어떻게 배분할지 결정할 수 있기 때문이다. 하지만 여기서 브랜딩을 하려 하면 막히게 된다. 이 타깃 정의만으로는 고객의 실제 감정과 행동을 설명하기 어렵기 때문이다.

예를 들어 이런 질문들에 답해보려 하면 곧 한계를 느끼게 된다. 이 엄마는 어떤 말을 들을 때 가장 위로를 받을까. 언제 휴대폰을 들고, 무엇을 스크롤하며, 어떤 게시물에서 멈출까. 우리 브랜드는 '광고'로 보일까, 아니면 '나를 이해하는 말'로 느껴질까. 이 지점에서 필요한 것이 바로 '페르소나의 하루'를 설계하는 작업이다.

아침 일찍 아이를 깨워 밥을 먹이고, 어린이집에 겨우 등원시키고 돌아온 뒤

잠깐 소파에 주저앉아 휴대폰을 들여다보는 5분. 그 짧은 시간 동안 이 사람은 무엇을 보고 싶어 할까.

그 순간의 마음 상태를 떠올려보면 답은 조금 더 선명해진다. 오늘도 전쟁 같은 하루가 시작됐다는 한숨일 수도 있고, 그래도 오늘은 어제보다 나아지길 바라는 작은 기대일 수도 있다. 혹은 나만 이렇게 힘든 건 아니라는 안도를 확인하고 싶은 마음일 수도 있다.

그렇다면 이 5분에 보여줘야 할 것은 무엇일까. 화려한 제품 스펙일까, 짧은 위로의 한 문장일까, 혹은 다른 엄마들의 작고 현실적인 이야기일까.

이 질문이 시작되는 순간, 브랜드의 언어는 달라진다. 말투만 변하는 것이 아니다. 콘텐츠의 톤은 더 부드러워지고, 이미지의 온도는 더 따뜻해지며, 문장은 짧아져 숨 쉴 여유를 만든다. 그리고 무엇보다, 메시지가 등장하는 타이밍이 달라진다.

결국 브랜딩은 사람을 나누는 일이 아니라, 한 사람의 하루를 이해하는 데서 시작된다. 그리고 그 이해가 쌓일 때, 브랜드는 비로소 '보이는 것'을 넘어 '기억되는 것'으로 바뀌기 시작한다.

4) 하루 장면에 맞춤 브랜딩

단순히 "30대 엄마 타깃"이 아니라, "아침 등원 후 잠깐 소파에 앉아 숨 돌리는 그 5분을 함께하는 사람"이라고 정의하면, 브랜드가 할 말과 할 수 있는 행동이 완전히 달라진다.

"페르소나의 하루를 설계하라"는 말은 브랜드가 고객의 삶에 어디에서, 어떤 얼굴로 등장할지를 정하라는 의미다. 출근 전의 분주한 시간에 등장할 것인가, 점심시간 짧은 휴식에 등장할 것인가, 퇴근 후 지친 얼굴로 소파에 앉았을 때 등장할 것인가, 자기 전 불 끄고 누워 휴대폰을 보는 마지막 10분에 등장할 것인가 등 같은 메시지라도 언제, 어떤 장면에서 마주치느냐에 따라 완전히 다르게 기억된다.

예를 들어, 아침에는 "오늘 하루를 시작하게 하는 말"이 필요하고, 퇴근 후에는 "그래도 오늘 잘 버텼다는 인정"이 필요하며, 밤에는 "내일을 덜 두려워하게 해주는 위로"가 필요할 수 있다.

같은 브랜드라도, 아침에 보면 "재촉하는 브랜드"로 느껴지고, 밤에 보면 "안 아주는 브랜드"로 느껴질 수 있다.

5) 페르소나 문서만으로는 부족

브랜딩에서 중요한 것은 단순히 얼마나 많이 노출되는가가 아니다. 어떤 순간에, 어떤 표정으로 등장하는가가 더 중요하다. 아이러니하게도 많은 브랜드는 페르소나 문서를 만드는 데서 멈춘다. 문서에는 보통 이런 정보들이 정리되어 있다.

① 이름 : 소연, 34세
② 직업 : 마케팅 대리
③ 가족 : 두 살 아이 한 명
④ 취미 : 넷플릭스, 카페 가기
⑤ 성격 : 섬세하지만 가끔 예민함

겉으로 보면 충분히 구체적인 설정처럼 보인다. 하지만 그 다음 질문을 던지는 순간, 이 정보는 빠르게 한계를 드러낸다. 이 사람의 월요일 아침 8시는 어떤 모습일까. 수요일 오후 3시, 회의실에 앉아 있을 때 무엇을 걱정하고 있을까. 금요일 밤, 아이를 재운 뒤 혼자 소파에 앉아 있을 때 어떤 생각을 하고 있을까.

이 장면들이 자연스럽게 떠오르지 않는다면, 그 페르소나는 사실상 '종이 위의 캐릭터'에 머무른다. 그리고 그 순간부터 브랜드에는 익숙한 문제가 반복되기 시작한다. 말은 모두 맞는 말처럼 들리지만 이상하게 와닿지 않고, 누군가를 겨냥한 것 같지만 정작 '나에게 하는 말'처럼 느껴지지 않는다. 카피도, 이미지도, 캠페인도 무난하게 완성되지만 시간이 지나면 기억에 남는 장면이 없다.

결국 문제는 타이밍이다. 고객의 하루를 상상하지 않으면 브랜드는 언제나 어굿난 순간에 등장하게 된다. 그래서 브랜딩은 사람을 정의하는 데서 끝나는 것이 아니라, 그 사람이 살아가는 시간 속으로 들어가는 데서 완성된다. 그리고 그 시간 위에 정확하게 올라설 때, 브랜드는 비로소 '맞는 순간, 맞는 얼굴'로 기억되기 시작한다.

6) 하루 장면을 기준으로 한 브랜딩 전략

브랜딩은 이렇게 묻는다. 이 브랜드는 어떤 하루에 함께할 것인가. 이 질문에 답하기 시작하면, 전략의 초점은 자연스럽게 바뀌게 된다.

더 이상 '20~30대 여성'이라는 추상적인 대상이 아니라, 회사에서 돌아와 씻고 난 뒤 침대 위에 누워 결국 휴대폰을 붙잡게 되는 그 순간을 떠올리게 된다. 또 '직장인 남성'이라는 범주가 아니라, 퇴근 후 차 안에서 한숨을 돌리며 라디오 대신 유튜브를 켜는 짧은 10분을 구체적으로 그리게 된다.

이처럼 하루의 장면을 기준으로 사고하기 시작하면, 브랜드의 역할도 달라진다. 더 이상 제품의 장점을 설명하는 존재가 아니라, 그 순간을 함께 지나가게 해주는 하나의 동반자로 자리 잡게 된다. 그리고 그 지점부터 브랜드는 광고의 형태를 벗어나기 시작한다. 설명이 아니라 경험으로, 노출이 아니라 기억으로 전환된다. 결국 브랜드는 특정한 순간 속에 자연스럽게 스며들 때 비로소 일상의 일부가 된다.

7) 실무 적용 : 페르소나 하루 설계 4단계

실제로 이 관점을 실무에 적용하려면 어떻게 해야 할까? 단계별로 정리해보면 다음과 같다.

① 타깃은 최소한의 기준만 설정한다.

예를 들어 '30~40대 직장인 여성, 수도권, 1인 가구 또는 자녀 1명' 정도로 정의한 뒤, 그 정보를 숫자가 아니라 장면으로 바꿔본다. 하루 종일 사람을 상대하고 집에 돌아와 문을 잠그는 순간, 비로소 자기 목소리를 꺼낼 수 있는 사람. 이처럼 타깃을 '정보'가 아니라 '상황'으로 전환하는 것이 출발점이다.

② 하루를 크게 나누어 본다.

아침(눈을 뜨는 순간부터 출근·등원 전까지), 이동 시간(출근길, 등원길, 운전, 지하철), 낮(업무·집안일·돌봄에 몰입하는 시간), 저녁(퇴근 후 귀가해 정리하는 시간), 밤(씻고 휴대폰을 보는 시간, 잠들기 전)으로 구분해볼 수 있다.

그리고 각 시간대마다 다음을 떠올린다. 이때 이 사람은 무엇을 하고 있는가. 어떤 감정 상태에 있는가. 그리고 이 순간 우리 브랜드가 등장한다면 어떤 얼굴이어야 하는가. 정보일지, 위로일지, 유머일지, 혹은 실용적인 팁일지에 대한 답을 찾는 과정이다.

③ 하루 안에 존재하는 작은 '틈'을 발견한다.

엘리베이터를 기다리는 30초, 회의 시작 전 잠깐의 공백, 노트북을 켜기 전 무심코 확인하는 휴대폰, 아이를 재운 뒤 혼자 마시는 짧은 커피 시간, 잠들기 전 화면 밝기를 낮추고 마지막으로 내리는 스크롤.

이 짧은 순간들이 바로 브랜드가 들어갈 수 있는 자리다. 이 틈을 구체적으로 상상하고 포착할수록 브랜드는 무작위로 튀어나오는 광고가 아니라, 필요한 순간에 자연스럽게 나타나는 존재가 된다.

④ 그 순간에 맞게 언어와 톤, 그리고 속도를 조정한다.

아침 출근길의 지하철에서는 사람들의 머리가 아직 완전히 깨어 있지 않다. 이때는 긴 설명보다 한 줄로 이해되는 문장과 한 장으로 전달되는 이미지가 더 효과적이다.

반대로 밤 11시, 침대 위에서 휴대폰을 보는 순간은 하루의 감정이 정리되는 시간이다. 이때는 '오늘 하루를 잘 버텼다'는 인정이나 '내일을 조금 덜 두렵게 만드는 말'이 더 적절하다. 같은 브랜드라도 아침에는 정리된 정보가, 밤에는 느슨한 위로가 필요할 수 있다.

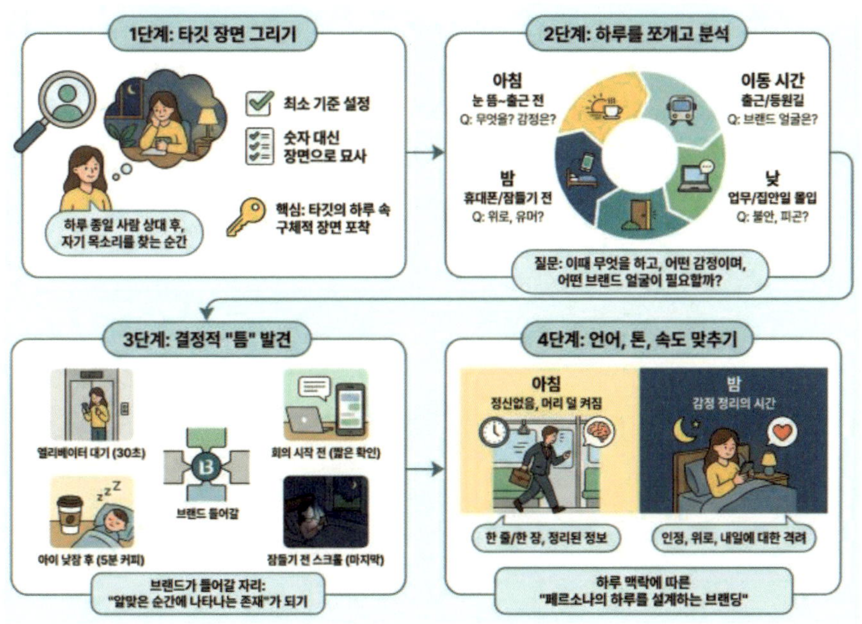

이처럼 하루의 흐름에 맞춰 언어와 톤을 조정하는 것은 단순한 표현의 문제가 아니라, 브랜드가 지닌 분위기와 결을 만들어가는 일이다. 시간대마다 다른 감

정과 상황에 맞는 말투가 쌓이면서 자연스러운 리듬이 생기고, 그 리듬이 곧 페르소나를 완성한다. 결국 이것이 하루를 설계하는 브랜딩이다.

3. 브랜드 톤 & 언어는 감각이 아니라 전략이다

브랜드 톤과 언어는 종종 '감각의 영역'으로 오해된다. 글을 잘 쓰는 사람, 말이 세련된 사람이 만들 수 있는 것처럼 보이기 때문이다. 그러나 실제로 강한 브랜드의 톤은 취향이 아니라 전략의 결과다. 즉, 브랜드가 어떤 사람으로 기억되기를 원하는지에 대한 명확한 선택에서 시작된다.

많은 브랜드가 톤을 정하지 못한 채 콘텐츠를 만든다. 오늘은 친근하게, 내일은 전문가처럼, 상황에 따라 말투가 바뀐다. 그 결과 브랜드는 유연해 보이기보다 정체성이 없는 존재로 인식된다. 소비자는 브랜드를 이해하지 못해서가 아니라, 기억할 단서가 없어서 잊어버린다.

예를 들어 스타벅스의 언어를 떠올려보면, 그들은 한 번도 "싸다"거나 "가성비가 좋다"는 표현을 쓰지 않는다. 대신 '경험', '순간', '당신만의 시간'과 같은 단어를 반복적으로 사용한다. 이 선택은 우연이 아니라 전략이다. 스타벅스는 커피 브랜드가 아니라 '일상의 휴식 공간'으로 기억되기를 선택했기 때문이다. 그 결과 가격이 아니라 분위기와 경험으로 평가받는 브랜드가 되었다.

반대로 메가커피는 의도적으로 다른 언어를 사용한다. "크다", "많다", "합리적이다"라는 표현을 숨기지 않는다. 브랜드의 톤 역시 친근하고 직설적이다. 이 차이는 감각의 문제가 아니라, 각 브랜드가 어떤 역할로 소비자의 일상에 들어갈지를 다르게 설계했기 때문이다.

브랜드 톤은 '어떻게 말할 것인가'의 문제가 아니라 '어떤 사람으로 기억될 것인가'의 문제다. 신뢰받는 조언자인지, 경험 많은 선배인지, 혹은 부담 없는 동네 친구인지에 따라 같은 메시지도 전혀 다른 언어로 표현된다. 이 역할 설정이 없으면 문장은 늘 어딘가 어색해진다.

국내에서도 무신사는 좋은 사례다. 무신사의 언어는 지나치게 멋을 부리지 않는다. 대신 솔직하고, 때로는 투박할 정도로 직설적이다. 이는 '패션을 잘 아는 친구'라는 브랜드 포지션과 정확히 맞닿아 있다. 만약 무신사가 명품 브랜드처럼 고급스러운 언어를 사용했다면, 지금의 충성도 높은 팬덤은 형성되기 어려웠을 것이다.

언어 전략이 중요한 이유는 브랜드가 대부분의 경우 말로 먼저 기억되기 때문이다. 제품을 직접 경험하기 전에 소비자는 문장, 제목, 설명, 메시지를 통해 브랜드를 만난다. 이때 반복적으로 노출되는 어조와 단어 선택이 브랜드의 성격을 형성한다.

강한 브랜드는 단어를 일관되게 사용한다. 같은 의미라도 항상 같은 표현을 선택하고, 쓰지 않는 말의 범위도 명확하다. 이 일관성이 쌓일수록 소비자의 머릿속에는 브랜드 특유의 말투가 만들어진다. 이것이 바로 브랜드 언어가 '기억의 구조'로 작동하는 방식이다.

결국 브랜드 톤은 감각적인 표현의 문제가 아니라, 전략적으로 설계된 커뮤니케이션의 결과다. 누구에게, 어떤 순간에, 어떤 역할로 등장할 것인지가 정해질 때 언어는 자연스럽게 결정된다. 그리고 이 언어가 반복될수록 브랜드는 점점 하나의 '사람처럼' 기억되기 시작한다.

브랜드는 말을 잘하는 것이 아니라, 같은 말을 반복한다. 대부분의 브랜드는 '더 잘 말하려고' 애쓴다. 더 멋진 문장, 더 설득력 있는 표현, 더 트렌디한 단어를 찾는다. 하지만 시장에서 오래 살아남은 브랜드를 보면 공통점이 있다. 그들은 말을 잘하기보다, 같은 말을 지겹도록 반복한다.

이 반복은 단순한 카피의 반복이 아니다. 브랜드가 세상을 바라보는 관점, 고객을 대하는 태도, 스스로를 정의하는 문장을 일관되게 유지하는 것이다. 그래서 강한 브랜드의 언어는 새로울수록 낯설지 않고, 반복될수록 선명해진다.

나이키는 수십 년 동안 "Just Do It"이라는 문장을 중심으로 움직였다. 캠페인도, 모델도, 사회적 메시지도 바뀌었지만 '행동하라'는 핵심 메시지는 변하지 않았다. 나이키는 늘 새로운 말을 했지만, 본질적으로는 같은 말을 반복했다. 그래서 소비자의 기억 속에서 나이키는 '운동화 브랜드'가 아니라 '행동을 자극하는 브랜드'로 남아 있다.

반대로 자주 사라지는 브랜드는 말이 너무 많다. 브랜드 소개 페이지에서는 철학을 이야기하다가, 광고에서는 할인율을 외치고, SNS에서는 친구처럼 말한다. 상황마다 다른 말을 하는 브랜드는 그 순간에는 자연스러워 보일지 몰라도, 시간이 지나면 아무 말도 남지 않는다. 소비자의 기억에 쌓일 반복이 없기 때문이다.

브랜드 언어에서 반복은 지루함이 아니라 신뢰다. 같은 톤, 같은 어조, 비슷한 문장 구조가 계속 등장할수록 소비자는 브랜드를 예측할 수 있게 된다. 이 예측 가능성이 곧 안정감이 되고, 신뢰로 이어진다. 브랜드가 '어떤 말을 할지'보다 '어떤 말을 할 브랜드인지'가 먼저 인식되는 순간이다.

중요한 것은 무엇을 반복할 것인가다. 이 반복의 중심에는 브랜드의 한 문장이 있어야 한다. "우리는 누구인가", "우리는 왜 존재하는가", "우리는 어떤 태도로 고객을 대하는가"를 담은 문장이다. 이 문장이 명확할수록 콘텐츠, 광고, 소개 글, 제품 설명까지 자연스럽게 같은 방향으로 수렴된다.

결국 브랜드는 언변의 싸움이 아니다. 기억의 싸움이다. 소비자의 머릿속에 남는 브랜드는 가장 똑똑하게 말한 브랜드가 아니라 가장 일관되게 말한 브랜드다. 같은 말을, 같은 태도로, 같은 기준으로 반복하는 브랜드만이 선택의 순간에 떠오른다.

그래서 브랜딩은 새 말을 만드는 일이 아니라, 흔들리지 않을 한 문장을 끝까지 지키는 일이다. 그리고 그 문장이 반복될수록 브랜드는 점점 설명할 필요 없는 존재가 된다.

4. 브랜드 경험은 '광고'가 아니라 '과정'이다

많은 브랜드가 여전히 브랜딩을 '잘 만든 광고 한 편'이나 '임팩트 있는 캠페인'으로 오해한다. 조회 수가 높았던 영상, 반응이 좋았던 카피, 매출이 뛰었던 프로모션을 브랜드 성과로 기억한다. 물론 광고는 브랜드를 알리는 중요한 수단이다.

하지만 광고만으로 브랜드가 만들어지지는 않는다. 브랜드는 소비자가 접하는 하나의 결과물이 아니라, 그 결과물에 이르기까지의 모든 과정이 축적된 경험의 총합이다.

브랜드 경험은 어느 날 갑자기 시작되지 않는다. 소비자가 브랜드를 처음 인지하는 순간부터 콘텐츠를 스쳐보는 시간, 제품을 구매하기까지의 망설임, 실제 사용 경험, 문제 발생 시의 대응, 그리고 재구매 여부에 이르기까지 이어지는 긴 흐름이다.

이 과정 전체가 하나의 '이야기'로 남고, 그 이야기가 곧 브랜드의 인상이 된다. 그래서 브랜드 경험은 단발성 광고로 만들어질 수 없고, 반드시 시간과 반복을 전제로 한다.

예를 들어 같은 광고를 보고 유입된 두 브랜드가 있다고 가정해 보자. 첫 번째 브랜드는 광고 메시지는 세련됐지만 상세 페이지의 설명은 불친절하고, 문의를 남기면 답변이 늦거나 형식적이다. 배송 과정에서도 별다른 안내가 없고, 문제가 생겼을 때 책임을 고객에게 돌린다.

두 번째 브랜드는 광고는 비교적 평범하지만, 상세 페이지에서 제품을 고르는 기준을 친절하게 설명하고, 문의에는 사람 냄새 나는 답변을 빠르게 남긴다. 배송 과정 중에도 상황을 공유하고, 문제가 생기면 먼저 사과하고 해결책을 제시한다.

시간이 지나면 소비자는 광고보다 그 과정에서 느낀 감정을 더 선명히 기억한다. 그리고 그 기억은 "여기는 믿을 수 있다" 혹은 "다시는 사고 싶지 않다"라는 브랜드 인식으로 굳어진다.

이 지점에서 중요한 것은, 브랜드 경험이 단순히 고객 응대나 서비스 품질에만 국한되지 않는다는 점이다. 브랜드가 어떤 언어를 쓰는지, 어떤 기준으로 선택을 하는지, 실수를 했을 때 어떤 태도를 보이는지까지 모두 포함된다.

예컨대 브랜드가 콘텐츠에서는 '고객 중심'을 강조하면서, 실제 정책은 브랜드 편의 위주로 설계되어 있다면 소비자는 그 불일치를 바로 감지한다. 말과 행동이 어긋나는 순간, 브랜드 경험은 긍정에서 의심으로 전환된다.

특히 SNS와 콘텐츠 중심 환경에서는 이 '과정'이 더 쉽게 노출된다. 과거에는 광고와 실제 운영이 분리될 수 있었지만, 지금은 대표의 말 한마디, 댓글 하나, 공지문 문장 하나까지 모두 기록으로 남는다. 소비자는 광고보다 이러한 작은 장면들을 통해 브랜드의 진짜 얼굴을 본다. 그래서 브랜드 경험은 더 이상 마케팅 부서만의 영역이 아니라 브랜드를 운영하는 모든 선택의 결과물이 된다.

작은 브랜드일수록 이 사실은 더욱 중요하다. 대기업은 일시적인 실수나 불편이 발생해도 브랜드 파워로 어느 정도 완충할 수 있지만, 작은 브랜드는 그렇지 않다. 대신 작은 브랜드는 광고 예산이 부족한 만큼, 과정에서의 경험으로 신뢰를 쌓을 수 있다.

구매 전 단계에서의 솔직한 정보 제공, 과도한 기대를 만들지 않는 표현, 구매 후의 세심한 관리와 일관된 태도는 광고보다 훨씬 강력한 브랜드 자산이 된다.

브랜드 경험을 '과정'으로 바라보기 시작하면 질문도 달라진다. "어떤 광고를 해야 할까?"가 아니라 "고객이 처음 우리를 만나는 순간부터 떠나는 순간까지 어떤 감정을 느끼게 할 것인가?"를 고민하게 된다.

이 질문에 답하기 위해서는 화려한 기획보다 기준이 필요하다. 우리가 지키고 싶은 가치가 무엇인지, 고객에게 어떤 기억으로 남고 싶은지, 그리고 그 기준이 실제 운영 전반에 반영되고 있는지 점검해야 한다.

결국 브랜드 경험은 관리의 대상이지, 연출의 대상이 아니다. 잘 꾸민 광고는 사람을 데려올 수 있지만, 잘 설계된 과정만이 사람을 머무르게 한다.

브랜드는 소비자에게 "봤다"로 끝나는 존재가 아니라, "겪어봤다"로 기억될 때 비로소 힘을 가진다. 그리고 그 힘은 단기간에 만들어지지 않는다. 매일 반복되는 선택과 태도, 작은 결정들이 쌓여 하나의 경험이 되고, 그 경험이 브랜드가 된다.

그래서 브랜드 경험은 '광고'가 아니라 '과정'이다. 그리고 이 과정을 얼마나 진지하게 설계하고, 얼마나 일관되게 유지하느냐가 결국 브랜드의 크기와 수명을 결정한다.

5. 브랜드를 흔드는 '결정적 순간들'

브랜딩은 잘 설계된 문장과 톤, 그리고 경험의 흐름만으로 완성되지 않는다. 진짜 브랜드의 정체성은 언제나 선택의 순간에서 드러난다. 매출이 급감했을 때, 새로운 타깃이 보이기 시작했을 때, 유행하는 트렌드가 시장을 휩쓸 때 혹은 내부에서 "이 정도는 괜찮지 않을까?"라는 타협의 목소리가 나올 때 브랜드는 흔들린다. 그리고 이 흔들림 속에서 어떤 선택을 하느냐에 따라 브랜드는 단단해지기도 하고, 빠르게 소모되기도 한다.

1) 매출 앞에서의 선택

첫 번째 결정적 순간은 매출 앞에서의 선택이다. 단기 매출을 위해 브랜드의 톤과 메시지를 바꾸거나, 원래 의도하지 않았던 고객층을 무리하게 끌어들이는 경우가 많다. 이 선택은 당장 숫자를 올려줄 수는 있지만, 브랜드가 오랫동안 쌓아온 기억의 구조를 훼손한다. 소비자는 이 변화를 매우 빠르게 감지한다. "이 브랜드는 원래 이렇지 않았는데?"라는 순간, 신뢰는 균열을 일으킨다.

2) 확장의 유혹

두 번째 결정적 순간은 확장의 유혹이다. 브랜드가 어느 정도 인지도를 얻으면, 더 많은 고객을 끌어들이고 싶은 욕심이 생긴다. 문제는 이때 '누구에게 더 말할 것인가'보다 '지금까지 누구에게 말해 왔는가'를 잊는 데서 시작된다. 브랜드는 모두를 위한 것이 되는 순간, 아무도 기억하지 않는 존재가 된다. 살아남는 브랜드는 확장을 하더라도, 기존 페르소나의 세계관과 언어를 기준으로 확장한다.

3) 트렌드를 따라갈 것인가, 버틸 것인가

세 번째는 트렌드를 따라갈 것인가, 버틸 것인가의 순간이다. 시장은 끊임없이 새로운 형식과 언어를 요구한다. 숏폼, 밈, 유행하는 디자인과 메시지는 브랜드를 더 빠르게 노출시킬 수 있다. 그러나 모든 트렌드가 모든 브랜드에 어울리지는 않는다. 결정적 순간은 "이 유행이 우리 브랜드의 기억 구조를 강화하는가, 아니면 흐트러뜨리는가"를 묻는 지점에서 찾아온다. 브랜드를 지킨 선택은 느려 보일 수 있지만, 결과적으로 더 오래 남는다.

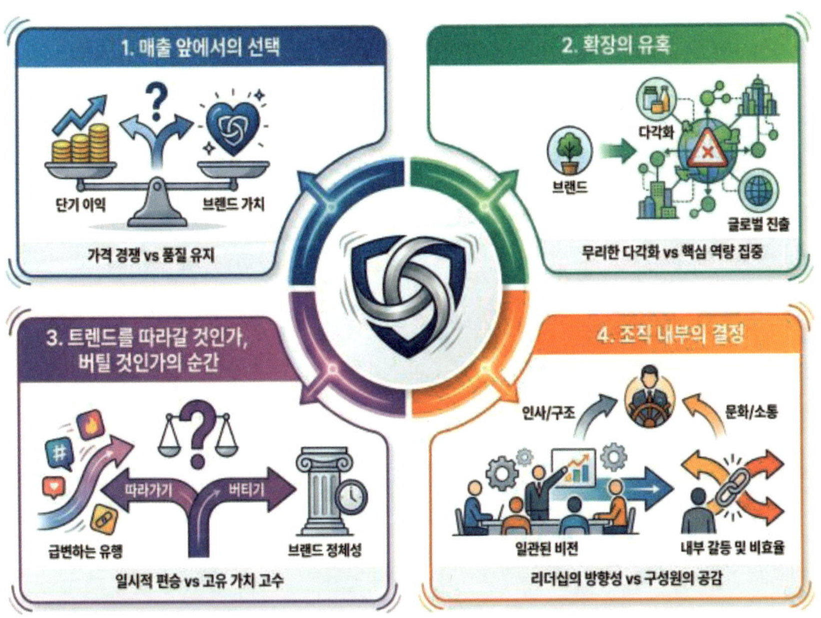

4)조직 내부의 결정

네 번째는 조직 내부의 결정이다. 브랜드는 외부 메시지보다 내부 판단에서 더 많이 흔들린다. 콘텐츠 하나, 문장 하나, 응대 방식 하나를 두고 "이 정도는 괜찮다"라는 선택이 반복될수록 브랜드의 기준은 낮아진다.

반대로 일관된 기준을 유지하는 브랜드는 내부 결정이 외부 신뢰로 이어진다. 브랜드는 캠페인이 아니라, 매일 반복되는 내부 선택의 결과다.
결국 브랜드를 흔드는 결정적 순간들은 거창한 전략 회의에서만 등장하지 않는다. 오히려 사소해 보이는 선택, 빠르게 넘어가고 싶은 순간, 숫자로 설득하고 싶은 유혹 속에 숨어 있다. 이 순간마다 브랜드가 기준으로 삼아야 할 질문은 단 하나다.

"이 선택은 우리 브랜드가 기억되고 싶은 방식에 부합하는가?" 브랜드는 한 번의 결정으로 무너지지 않는다. 하지만 방향을 잃은 결정이 반복될 때 브랜드는 서서히 다른 얼굴이 된다.

반대로 기준 있는 선택이 쌓이면, 브랜드는 흔들리지 않는 구조를 갖게 된다. 그래서 브랜딩은 설계에서 끝나지 않는다. 브랜드를 지키는 힘은 언제나 결정의 순간에서 증명된다.

6. 브랜딩을 실행으로 옮기기 위한 설계 질문

브랜딩은 이해하는 것만으로는 아무 변화도 만들지 못한다. 앞에서 정리한 브랜드의 기준과 구조는 실행을 통해서만 의미를 가진다. 많은 창업자가 방향을 알고 있음에도 결과를 만들지 못하는 이유는, 브랜딩을 '생각'으로만 다루기 때문이다. 이제 필요한 것은 더 많은 전략이 아니라, 실제 선택을 바꾸는 기준이다. 다음 질문들은 브랜드의 방향을 일상적인 행동과 의사결정으로 연결하기 위해 반드시 점검해야 할 핵심 질문들이다.

1) 우리 브랜드를 설명하는 한 문장이 실제 기준으로 작동하고 있는가

브랜드는 결국 한 문장으로 기억된다. 하지만 많은 경우 이 문장은 소개용 문구에 머물고, 실제 의사결정에는 영향을 주지 못한다. 이 문장이 콘텐츠, 상품 기획, 고객 응대, 가격 정책까지 이어지고 있는지 점검해야 한다. 설명 문장이 아니라, 선택의 기준으로 작동할 때 비로소 브랜드의 중심이 된다.

2) 우리는 '타깃'이 아니라 '고객의 순간'을 기준으로 설계하고 있는가

브랜드는 특정 사람보다, 특정 순간과 연결될 때 기억된다. 고객이 언제, 어떤 상황에서, 어떤 감정으로 이 브랜드를 떠올리는지를 구체적으로 정의해야 한다. 출근길, 피로한 저녁, 중요한 선택의 순간처럼 브랜드가 개입해야 할 장면이 명확할수록 메시지와 제품은 더 선명해진다.

3) 브랜드의 언어와 톤은 일관되게 유지되고 있는가

브랜드는 '무엇을 말하는가'보다 '어떻게 반복해서 말하는가'로 기억된다. 콘텐츠, 광고, 상세페이지, 상담에서 말투와 표현이 달라진다면 소비자는 하나의 브랜드로 인식하지 못한다. 어떤 단어를 사용할지, 어떤 표현은 쓰지 않을지 기준을 정해야 한다. 브랜드의 언어는 취향이 아니라 전략이다.

4) 고객이 경험하는 전체 흐름이 하나의 기준으로 연결되어 있는가

브랜드는 접점 하나가 아니라 경험의 흐름으로 만들어진다. 처음 인지하는 순간부터 탐색, 구매, 사용, 재구매까지 모든 과정에서 같은 태도와 기준이 유지되고 있는지 점검해야 한다. 어느 한 지점이라도 기준이 흔들리면, 전체 브랜드 인식도 함께 무너진다.

5) 중요한 결정의 순간에 브랜드 기준이 실제 선택을 이끌고 있는가

브랜딩의 완성도는 평소가 아니라 '결정의 순간'에서 드러난다. 매출 압박, 트렌드 변화, 확장 기회 앞에서 어떤 선택을 하느냐에 따라 브랜드의 방향이 결정된다. 이때 기준 없이 판단하면 브랜드는 빠르게 흔들린다. 무엇을 할지가 아니라, 어떤 상황에서도 하지 않을 것을 미리 정해두어야 한다.

브랜딩은 이해하는 것이 아니라 실행을 통해 완성된다.아무리 좋은 전략도 실제 선택과 행동이 바뀌지 않으면 아무 의미도 없다. 브랜드는 하나의 문장에서 시작해, 고객의 특정 순간에 연결되고, 일관된 언어로 반복되며, 경험의 흐름 속에서 축적된다.

그리고 그 모든 것은 결국 매 순간의 선택을 통해 유지된다. 작은 브랜드일수록 중요한 것은 완벽한 전략이 아니라 흔들리지 않는 기준이다. 결국 브랜딩은 거창한 계획이 아니라, 같은 방향의 선택을 반복하는 과정이다.

5장

브랜딩을 위한
마케팅 전략

1. 브랜드는 언제부터 마케팅이 필요해지는가

1) 마케팅은 언제 시작해야 하는가

브랜딩과 마케팅 이야기를 하다 보면, 창업자들이 가장 자주 던지는 질문이 있다."마케팅은 언제부터 시작해야 할까요?" 이 질문에는 두 가지 감정이 함께 담겨 있다. 하나는 뒤처질까 봐 생기는 조급함이고, 다른 하나는 준비되지 않은 상태에서 비용만 쓰게 될까 하는 불안이다. 그래서 많은 브랜드가 서둘러 시작하거나, 반대로 계속 미루는 선택을 한다.

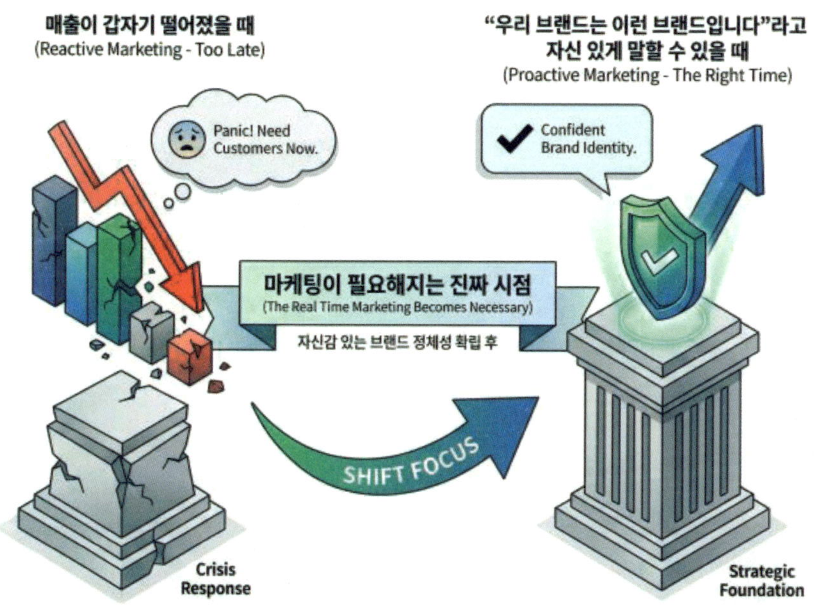

하지만 마케팅은 '매출이 떨어질 때 하는 응급처치'가 아니다. 브랜드가 자기 말을 할 수 있을 때 비로소 의미를 가진다. 많은 사람들이 시작 시점을 시간이나 숫자로 판단하지만, 실제 기준은 훨씬 단순하다.

브랜드가 무엇인지, 왜 존재하는지, 그리고 누구에게 어떤 의미가 되고 싶은지를 한 문장으로 명확히 정리할 수 있어야 한다. 이 문장이 준비되지 않았다면 마케팅을 시작할 준비가 된 상태가 아니다. 반대로 "우리 브랜드는 이런 브랜드입니다"라고 흔들림 없이 말할 수 있다면, 그때가 바로 마케팅을 시작할 적절한 시점이다.

2) 순서를 잘못 잡으면 생기는 문제

현실에서는 이 순서가 자주 뒤집힌다. 브랜드의 기준이 정리되기 전에 광고를 집행하고, SNS 계정을 만들고, 콘텐츠를 쏟아낸다.

처음에는 '무언가 하고 있다'는 느낌이 든다. 하지만 시간이 지나면 반응이 좋은 것만 따라가게 되고, 그 결과 메시지는 매번 달라지고 톤과 콘셉트는 점점 흔들린다.

① 메시지가 일관성을 잃는다할인, 감성, 정보형 콘텐츠가 상황에 따라 뒤섞이며 브랜드의 기준이 흐려진다.

② 브랜드 인상이 남지 않는다"어디서 본 것 같긴 한데…"라는 모호한 기억만 남는다.

③ 채널이 실험의 공간이 된다방향 없이 시도만 반복되며, 콘텐츠는 쌓이지만 브랜드는 쌓이지 않는다.

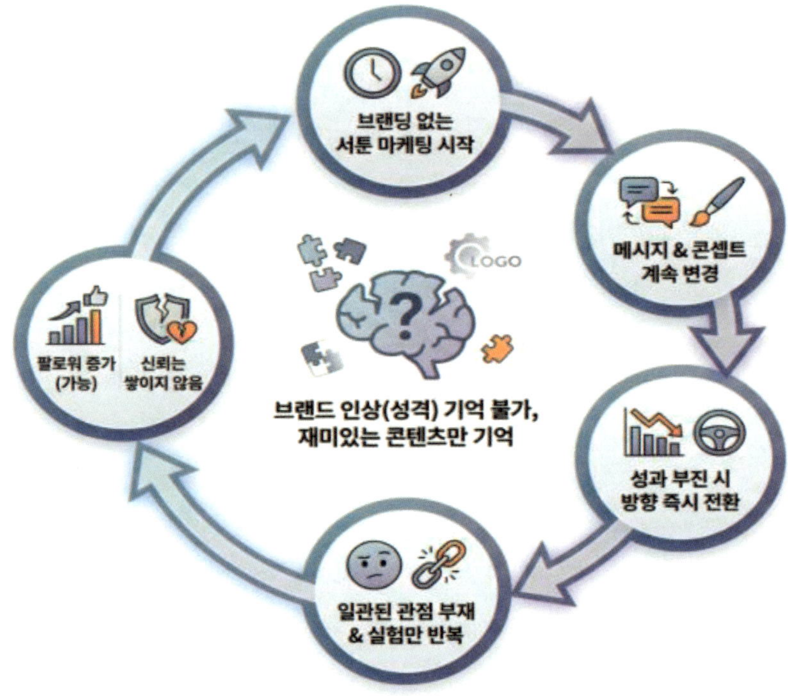

결국 브랜드는 존재하지만, 하나의 선명한 이미지로 기억되지 않는다.

3) 브랜딩이 먼저라는 말의 의미

"브랜딩이 먼저다"라는 말은 마케팅을 미루라는 뜻이 아니다.브랜딩이 정리된 상태에서 시작해야 마케팅이 제대로 작동한다는 의미다.

① 반복할 메시지가 정해져 있고
② 말투와 태도가 일관되며

③ 하지 않을 기준이 명확한 상태

이 기준이 있으면 마케팅은 시작부터 흔들리지 않는다. 콘텐츠의 방향이 선명해지고, 카피의 톤이 안정되며, 채널의 역할도 자연스럽게 구분된다. 이때 마케팅은 단순한 노출이 아니라, 브랜드를 더 또렷하게 만드는 과정으로 축적된다.

4) 기준 없는 마케팅의 반복 패턴

브랜딩 없이 시작한 마케팅은 공통된 흐름을 보인다.늘 "이번에는 이걸 해볼까?"라는 수준에 머문다.

① 성과에 따라 계속 바꾼다.반응이 없으면 메시지를 바꾸고, 조회 수가 떨어지면 형식을 바꾼다.
② 외부 기준에 흔들린다.경쟁사의 방식이나 유행을 따라가며 방향을 잃는다.
③ 내부에서도 기준이 무너진다."우리다운 게 무엇인지 모르겠다"는 혼란이 쌓인다.

결국 활동량은 많지만 정체성이 없는 브랜드가 된다.

5) 마케팅을 시작해도 되는 타이밍

마케팅은 브랜드를 만드는 도구가 아니라, 이미 만들어진 브랜드를 확장하는 도구다. 따라서 시작 시점에는 분명한 기준이 필요하다.

① 지속 가능한 메시지가 있는가.한 번 쓰고 끝나는 문장이 아니라, 시간이 지나도 반복할 수 있는 기준이 있는가.

② 브랜드의 방향이 정리되어 있는가누구를 위한 브랜드인지, 어떤 태도로 말할지가 명확한가.
③ 경계가 설정되어 있는가"이건 우리답지 않다"라고 분명하게 말할 수 있는가.
이 세 가지가 갖춰졌다면, 그때가 마케팅을 시작하기에 가장 좋은 시점이다.

6) 지금 상태를 점검하는 기준

현재 상태는 몇 가지 질문으로 쉽게 점검할 수 있다.

① 한 문장으로 설명할 수 있는가브랜드를 짧고 명확하게 정의할 수 있는지
② 대상이 분명한가누구를 위해 존재하는지 설명할 때 불필요하게 길어지지 않는지
③ 톤이 일관된가팀 내에서도 같은 말투와 기준이 공유되고 있는지

이 질문에 선뜻 답하기 어렵다면, 지금은 마케팅을 확장할 시점이 아니다. 예산을 늘리기보다 기준 문장을 다듬고, 고객의 '어떤 순간'을 정의하고, 하지 않을 것을 정리하는 데 집중해야 한다. 반대로 이 기준이 명확하다면, 마케팅은 그때부터 빠르고 효율적으로 작동하기 시작한다.

2. SNS는 채널이 아니라 '관계 설계'다

요즘 마케팅 이야기를 하면 빠지지 않고 등장하는 것이 바로 SNS다. 인스타그램, 유튜브, 틱톡, 블로그, X(트위터)… 어디에 계정을 만들고, 하루에 몇 개를 올릴지, 어떤 형식이 조회 수가 잘 나오는지가 전략이 거의 전부처럼 다뤄진다.

처음에는 뭔가 열심히 하고 있는 느낌이 든다. 피드를 채우고 릴스를 만들고 숏폼을 올리다 보면 계정은 점점 풍성해진다. 하지만 어느 순간 이런 고민이 생긴다. 콘텐츠는 계속 올리는데 반응은 점점 줄어드는 느낌, 팔로워 수는 있는데 정작 이 사람들이 우리를 얼마나 좋아하고 있는지 모르겠다는 의문, 게시물 하나하나는 나쁘지 않은데 전체를 보면 이 브랜드가 어떤 존재인지 잘 모르겠다는 느낌이다.

이 지점에서 질문을 바꿔야 한다. SNS를 단순한 '광고를 뿌리는 채널'로 볼 것인지, 아니면 '브랜드가 사람들과 관계를 맺는 공간'으로 볼 것인지다.

1) 채널로 보면 생기는 문제

많은 브랜드가 SNS를 전단지를 붙이는 벽처럼 사용한다. 내가 하고 싶은 말, 팔고 싶은 것, 보여주고 싶은 정보를 한쪽에서 계속 붙여두면 언젠가는 누군가 볼 것이라고 믿는다.

그래서 전략의 중심도 자연스럽게 이런 질문으로 흐른다. 어디에 계정을 만들지, 얼마나 자주 올릴지, 어떤 형식이 잘 먹힐지 같은 질문들이다.

물론 이런 질문들도 필요하다. 하지만 여기에만 머물면 시간이 갈수록 피로감이 쌓인다. 올릴수록 더 바쁜데 성과는 체감되지 않고, 매번 새로운 포맷을 찾느라 지치고, 조회 수는 숫자로 찍히는데 브랜드와 사람 사이의 온도는 느껴지지 않는다.

이유는 단순하다. SNS는 정보를 때려 넣는 채널이 아니라, 관계를 맺는 공간이기 때문이다.

2) SNS에서 브랜드는 '인격'이 된다

사람들은 SNS에서 브랜드를 볼 때 단지 "살까 말까"만 보지 않는다. 이 브랜드는 어떤 태도를 가지고 있는지, 어떤 말투로 이야기하는지, 나와 비슷한 세계관과 감각을 갖고 있는지를 함께 본다. 즉, SNS에 나타난 브랜드는 '광고주'가 아니라 하나의 '인격'처럼 인식된다.

이 기준이 없으면 콘텐츠는 늘어나도 브랜드의 얼굴은 흐릿해진다. 어떤 날은 세일을 강하게 밀고, 어떤 날은 감성적인 글을 올리고, 또 어떤 날은 전문가처럼 팁을 나열하게 된다.

3) 콘텐츠보다 먼저 '역할'이 필요하다

SNS 브랜딩은 보통 콘텐츠 기획부터 시작된다. 하지만 진짜 먼저 던져야 할 질문은 이것이다.

① 우리는 팔로워에게 어떤 역할을 할 것인가?

② 어떤 거리감으로 말을 걸 것인가?

③ 어떤 기준으로 콘텐츠를 고르고 걸러낼 것인가?

브랜드는 다양한 역할을 선택할 수 있다. 방향을 제시하는 조언자가 될 수도 있고, 함께 공감하는 동료가 될 수도 있으며, 좋은 것을 대신 골라주는 큐레이터가 될 수도 있고, 가끔 핵심만 던지는 관찰자가 될 수도 있다. 같은 주제를 다루더라도 어떤 역할을 맡느냐에 따라 말투와 콘텐츠, 반응 방식은 완전히 달라진다.

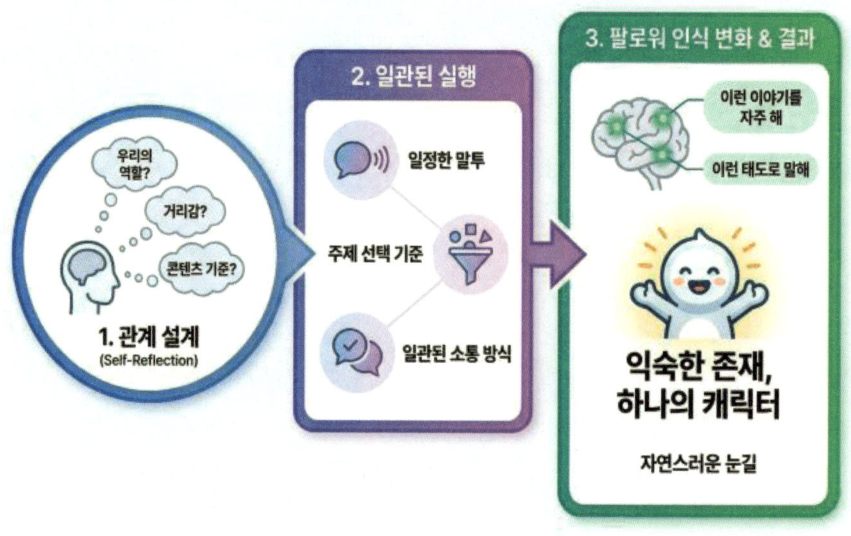

4) 관계는 숫자가 아니라 기억으로 쌓인다

많은 브랜드가 SNS를 운영하다 보면 숫자에 집착하게 된다. 팔로워 수, 좋아요 수, 저장과 공유 수 같은 지표들이다. 물론 지표는 필요하다. 하지만 관계의 질을 숫자만으로 판단할 수는 없다.

이 브랜드가 어떤 말을 할지 대략 예상이 되고, 어떤 상황에서 어떤 태도로 반응할지 떠오른다면 이미 관계는 형성된 것이다. 반대로 매일같이 콘텐츠를 올려도 메시지가 계속 바뀌고 기준이 보이지 않는다면 숫자는 있어도 관계는 얕다.

5) 관계가 쌓이면 판매는 따라온다

SNS는 말을 많이 하는 공간이 아니라, 같은 방식으로 계속 말을 거는 공간이다. 오늘은 다정했다가 내일은 무뚝뚝하고, 모레는 과하게 영업 티가 나면 사람들은 피로를 느낀다.

반대로 언제 들어와도 비슷한 톤으로 맞이해 주고, 비슷한 거리감으로 다가오며, 이 브랜드다운 이야기만 한다면 시간이 지날수록 신뢰가 쌓인다. 이 신뢰는 하루 만에 만들어지지 않는다. 작은 말들, 자잘한 게시물들, 사소한 댓글 하나하나가 쌓여 만들어진다.

그래서 관계가 형성된 브랜드는 굳이 강하게 "지금 사세요"라고 말하지 않아도 설득력을 갖는다. 평소 신뢰하던 사람이 "이거 써봤는데 좋더라"라고 말할 때 자연스럽게 귀가 열리는 것처럼 말이다.

3. 콘텐츠 마케팅, 팔지 않고 신뢰를 쌓는 방식

"콘텐츠 마케팅은 제품을 직접 설득하지 않고, 유용하거나 의미 있는 콘텐츠를 지속적으로 제공해 신뢰를 쌓고, 그 신뢰가 구매로 이어지게 하는 마케팅 방식이다. 즉, 즉각적인 판매보다 브랜드와 사림 시이의 관계를 먼저 만들고, 반복되는 경험을 통해 브랜드를 이해하게 만드는 전략이다.

광고가 "우리 제품 좋아요, 사세요"라고 말한다면, 콘텐츠 마케팅은 "이 주제에 대해 우리가 꾸준히 도움을 줄게요"라고 말하며 신뢰를 쌓는 과정에 가깝다. "이제는 팔지 말고, 이야기하라." 콘텐츠 마케팅을 이야기할 때 자주 등장하는 문장이다. 그러나 많은 브랜드가 이 뜻을 오해한다. '팔지 말라'는 말은 '판매를 포기하라'는 뜻이 아니다. 콘텐츠 마케팅의 본질은 판매 방식의 변화가 아니라, 신뢰를 쌓는 순서의 변화에 있다.

기업들이 과거에는 제품을 중심에 두고 마케팅을 했다면, 지금의 소비자는 그 반대다. 사람들은 브랜드의 콘텐츠를 통해 브랜드를 먼저 판단한다. 이 브랜드가 세상을 어떤 시선으로 바라보는지, 어떤 가치를 중요하게 여기는지, 어떤 기준으로 정보를 다루는지를 콘텐츠를 통해 읽는다. 즉 콘텐츠는 단순한 설명이 아니라 '브랜드의 사고방식이 드러나는 장면'이다.

그래서 콘텐츠 마케팅의 핵심 질문은 "무엇을 팔 것인가?"가 아니라 "이 브랜드는 사람들에게 무엇을 먼저 알려주고 싶은가?"이다. 브랜드의 메시지는 제품이 아니라 태도에서 시작된다. 신뢰는 설득으로 만들어지지 않는다. 좋은 콘텐츠는 소비자를 설득하지 않는다. 대신, 반복되는 유용함과 흔들리지 않는 관점으로 신뢰를 쌓는다. 신뢰는 주입이 아니라 경험의 결과다.

예를 들어, 친환경 브랜드가 지속가능한 소비, 쓰레기 줄이기, 재활용 문화 같은 주제를 꾸준히 다룬다면, 소비자는 그 브랜드의 진정성을 자연스럽게 느낀다. "이 브랜드는 환경을 진심으로 생각하는구나"라는 인식은 광고 문구보다 훨씬 오래 남는다. 콘텐츠 한 편이 당장 매출을 만들지 않아도, 신뢰라는 무형의 자산이 쌓여간다.

콘텐츠 마케팅은 그래서 느리다. 그러나 그 느림은 약점이 아니라 구조다. 단번에 성과를 내는 광고와 달리, 신뢰는 서서히 쌓이고 단단하게 남는다. 한 번 형성된 신뢰는 쉽게 무너지지 않는다.

문제는 많은 브랜드가 콘텐츠에 판매 의도를 과도하게 담는다는 점이다. 유용한 정보처럼 보이지만 결국 제품 이름으로 이어지고, 공감의 메시지처럼 보이지만 꼭 마지막에는 구매 링크가 등장한다. 이런 콘텐츠는 소비자에게 금세 들킨다.

소비자는 콘텐츠를 읽는 순간 이 글이 '나를 위한 것인지, 브랜드를 위한 것인지'를 직감적으로 구분한다. 결국 진심이 아닌 콘텐츠는 잠깐의 전환은 이룰 수 있어도, 신뢰는 남기지 못한다. 판매 중심의 콘텐츠는 단기적인 클릭은 얻을지 몰라도, 장기적인 관계를 무너뜨린다. 사람들은 한 번 "이 브랜드는 나에게 진심이 아니다"라고 느끼면 다시 돌아오지 않는다.

그렇다면 신뢰를 쌓는 콘텐츠는 어떤 모습이어야 할까? 특징은 단 하나다. 팔지 않아도 브랜드의 방향이 명확하게 드러난다는 것이다.

예를 들어 한 식품 브랜드가 '좋은 식재료가 좋은 음식을 만든다'는 철학을 가지고 있다면, 그 철학을 보여주는 콘텐츠를 만들면 된다. 제철 재료의 의미, 농부의 이야기, 음식이 사람의 관계를 바꾸는 과정 같은 주제들이 그 예다.

이때 제품은 굳이 전면에 나타나지 않아도 된다. 하지만 그 이야기를 읽은 사람은 자연스럽게 "이 브랜드는 신뢰할 만하다"라는 감정을 갖게 된다. 제품이 아니라 브랜드의 세계관이 소비자 마음속에 남는 것이다.

하루 한 편의 글이 매출을 만들지는 않는다. 그러나 비슷한 주제와 일관된 관점을 가진 콘텐츠가 꾸준히 쌓이면, 브랜드에 대한 익숙함이 만들어진다. 사람들은 자신에게 익숙하고 신뢰감 있는 브랜드를 선택한다.

이 익숙함은 아주 강력한 힘이다. 판매 중심 마케팅은 매번 새로 설득해야 하지만, 신뢰가 쌓인 브랜드는 설명하지 않아도 떠오른다. 소비자는 "이 브랜드라면 괜찮겠지"라고 생각하며 구매를 결정한다.

그래서 콘텐츠 마케팅은 느리다. 하지만 그 느린 과정이 바로 신뢰의 곡선이다. 한 번 쌓인 신뢰는 쉽게 사라지지 않고, 이후의 모든 마케팅을 훨씬 가볍게 만든다.

무엇을 말하지 않을지가 아니라, 무엇을 먼저 말할 것인가가 중요하다. 콘텐츠 마케팅은 '말을 줄이는 기술'이 아니다. '어떤 말을 먼저 할 것인가'를 선택하는 전략이다. 신뢰를 얻기 위해 말을 아끼는 것이 아니라, 바로 신뢰를 위해 가장 먼저 이야기해야 할 가치를 나누는 것이다.

따라서 콘텐츠 마케팅은 결국 브랜드의 철학이 드러나는 마케팅이다. 브랜드가 어떤 세상을 꿈꾸는지, 어떤 문제를 중요하게 여기는지, 그 중심에 소비자를 어떤 관점으로 바라보는지가 핵심이다.

"팔지 않겠다"가 아니라 "신뢰를 먼저 쌓겠다"는 결정을 내린 브랜드만이 콘텐츠 마케팅을 진짜 전략으로 만들 수 있다. 그리고 이 신뢰가 쌓인 순간, 판매는 자연스럽게 따라온다.

4. 퍼포먼스 마케팅이 브랜드를 망칠 때

퍼포먼스 마케팅은 데이터와 지표를 기반으로 광고 성과를 측정하고, 즉각적인 결과를 최대화하는 마케팅 방식이다. 클릭 수, 전환율, ROAS(Return on Ad Spend, 광고 투자 대비 수익률) 등 수치를 실시간으로 확인하며, 투자한 비용 대비 효율을 분석하고, 최적의 광고 문구와 이미지를 찾아내는 것이 핵심이다. 단기적인 성과를 빠르게 확인할 수 있다는 점에서 많은 브랜드가 선호하는 방식이다.

오늘날 거의 모든 브랜드는 '퍼포먼스 마케팅'이라는 단어에 익숙하다. 데이터를 기반으로 즉각적인 결과를 확인할 수 있고, 투자한 돈이 어떤 성과로 돌아오는지를 세밀히 측정할 수 있기 때문이다. 클릭 수, 전환율, ROAS 같은 지표가 실시간으로 표시되며, 마케팅 담당자는 이 숫자들을 통해 "지금 어떤 광고 문구가 잘 반응하고 있는가?", "어떤 이미지가 구매를 자극하는가?"를 끊임없이 분석한다.

이 방식은 단기적으로 매우 강력하다. 광고를 집행하자마자 매출이 오르고, 고객 유입이 늘어난다. 숫자가 즉각 반응하니 '효율적'이라고 느껴진다. 그래서 많은 브랜드는 퍼포먼스 마케팅에 점점 더 의존하게 된다. 그러나 문제는 바로 이 지점에서 시작된다.

단기 지표의 성공이 장기적인 브랜드 자산을 보장하지는 않는다. 오히려 퍼포먼스 마케팅에만 매달리면, 브랜드가 자신도 모르게 '소모'되기 시작한다.

퍼포먼스 마케팅은 본질적으로 '반응'에 초점을 맞춘다. 누가 내 광고를 클릭했는지, 얼마나 구매로 이어졌는지를 살핀다. 그래서 마케터들은 점점 '지금 가장 잘 먹히는 표현'을 찾아내거나, '최대한 많은 클릭을 유도하는 문구'를 고민한다. 그런데 이런 시도가 반복될수록 브랜드의 언어는 점점 단순해진다. "지금 사세요!", "단 24시간 세일!", "놓치면 후회!" 같은 자극적인 표현들이 늘어나면서, 브랜드가 원래 가지고 있던 고유한 말투나 가치관은 서서히 사라진다.

결국 브랜드가 내세우던 '태도'나 '목소리'는 약화되고, 당장의 클릭을 얻기 위한 문장들만 남는다. 겉으로는 성과가 좋아 보일지 몰라도, 그 과정에서 브랜드의 '정체성'은 점점 희미해진다.

이런 변화는 서서히 일어난다. 처음에는 큰 차이가 없어 보인다. 조금 더 강한 문구를 쓰면 잘 팔리고, 할인 폭을 늘리면 클릭이 늘어난다. 그래서 브랜드는 같은 선택을 반복한다. 조금 더 강렬하게, 조금 더 크게, 조금 더 빠르게 이런 방향으로 나아간다. 하지만 이 과정이 길어질수록 브랜드는 '자신의 기준'을 잃게 된다.

원래 이 브랜드가 어떤 세상을 꿈꾸며, 어떤 가치를 전하고자 했는지를 소비자는 점점 기억하지 못하게 된다. 대신 남는 것은 단 하나다. "이 브랜드는 요즘 뭐를 싸게 팔고 있지?" 국 브랜드는 가격 경쟁의 늪에 빠지고, 소비자에게 차별화된 이유를 줄 수 없게 된다. 이때부터 브랜드는 '기억되는 존재'가 아니라, '가격으로 반응을 유도하는 존재'로 전락한다.

퍼포먼스 마케팅이 브랜드를 망치는 순간은, 놀랍게도 성과가 나쁠 때가 아니다. 오히려 '너무 잘될 때'다. 광고 지표가 높게 나오면, 브랜드는 "이 방법이 맞구나!"라고 착각한다. 하지만 숫자가 보여 주는 것은 브랜드의 '자산'이 아니라 '반응'일 뿐이다. 오늘 클릭한 사람은 내일 또 클릭할까? 할인쿠폰 없이도 구매할까?

대부분의 경우, 그렇지 않다. 숫자는 즉각적인 반응을 보여 주지만, 브랜드의 기억이나 신뢰는 보여 주지 않는다. 브랜드의 건강은 단기 데이터로 확인하기 어렵다. 그래서 단기 성과에만 몰두하면, 장기적으로 브랜드는 소비자 마음속에서 점점 존재감을 잃게 된다.

브랜드가 진정으로 축적해야 할 것은 클릭이 아니다. '기억'과 '신뢰'다. 소비자는 좋아하는 브랜드를 단순히 가격이 싸서 선택하지 않는다. 그 브랜드를 보면 특정한 감정이나 이미지가 떠오르고, 그것이 곧 구매의 이유가 된다.

하지만 퍼포먼스 마케팅은 이 '감정의 영역'을 다루지 못한다. 숫자로 측정할 수 없는 '기억'이나 '이미지'를 만드는 일에는 거의 기여하지 않는다. 오히려 같은 형태의 광고를 반복할수록 소비자에게 브랜드는 '세일 브랜드', '가격 브랜드'로만 인식된다. 이런 브랜드는 광고를 멈추는 순간 시장에서 자취를 감춘다. 광고가 브랜드를 대신하고 있었던 것이다.

그렇다고 퍼포먼스 마케팅이 나쁘다는 뜻은 아니다. 문제는 퍼포먼스 자체가 아니라, 브랜딩 없이 퍼포먼스만 앞세운 구조다. 브랜드의 세계관과 말투가 정립되지 않은 상태에서 광고를 집행하면, 캠페인마다 메시지가 제각각 바뀌고, 타깃에게 통일된 인상을 전달할 수 없다. 오늘은 '전문가 모드'로 이야기하고,

내일은 '친근한 친구'처럼 말하며, 그다음 날에는 '할인 문구'로만 집중한다면, 소비자는 브랜드의 성격이나 방향성을 전혀 이해하지 못한다. 결국 브랜드는 하나의 목소리와 정체성을 잃게 된다.

건강한 브랜드에서는 퍼포먼스 마케팅이 '확장의 수단'이다. 이미 쌓아 놓은 신뢰와 기억을 더 많은 사람에게 전파하는 역할을 맡는다.

예를 들어 소비자에게 긍정적인 인식을 이미 구축한 브랜드가 퍼포먼스 광고를 집행하면, 그 광고는 단순히 매출을 끌어올리는 것을 넘어 브랜드의 이미지를 강화하는 역할까지 수행한다.
이때 퍼포먼스는 브랜드를 갉아먹지 않는다. 오히려 브랜드의 힘을 확대하고, 더 많은 소비자가 같은 경험을 공유하도록 돕는다. 즉, 퍼포먼스 마케팅은 '브랜드가 어느 정도 성장한 이후'에 진정한 힘을 발휘한다.

그래서 우리가 던져야 할 질문은 "퍼포먼스 마케팅을 해야 할까?"가 아니다. 진짜 중요한 질문은 "이 퍼포먼스가 우리 브랜드의 기준 안에서 작동하고 있는가?"이다.

광고 문구 하나, 이미지 한 장, 혜택 하나에도 브랜드의 철학과 일관성이 담겨 있어야 한다. 만약 퍼포먼스만 돌리고 브랜드의 방향성이 없는 상태라면, 성장처럼 보이는 그 숫자들은 실제로는 '소모의 속도'를 보여 주는 것일 뿐이다.

브랜드는 빠르게 성장할 수 있다. 광고 예산을 늘리고, 플랫폼을 확장하며, 데이터를 정교하게 분석하면 단기간에 수치를 올릴 수 있다. 하지만 기준 없이 성장한 브랜드는 그만큼 빠르게 꺼진다. 소비자는 일시적인 혜택을 잊지만, 일관된 경험은 기억한다.

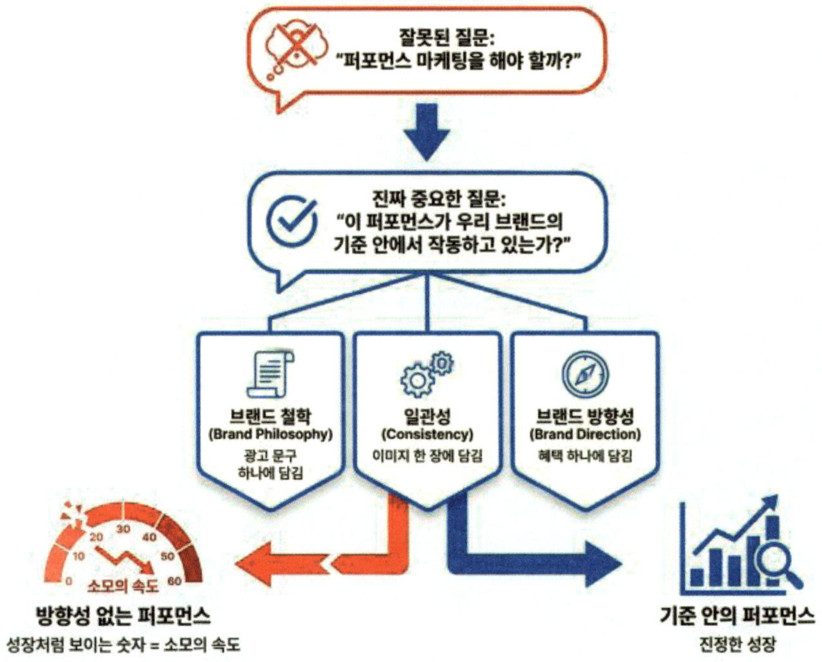

퍼포먼스 마케팅이 브랜드를 망치는 순간은, 숫자가 브랜드의 판단을 대신하기 시작할 때다. 그때부터 브랜드는 자신만의 신념이 아니라, 데이터의 순간적인 흐름에 따라 움직이게 된다.진정한 브랜드는 세일 문구가 아닌 '태도'로 말한다.

5. PR, 입소문, 바이럴은 어떻게 만들어지는가

많은 사람은 PR, 입소문, 바이럴을 '운이 좋으면 생기는 일'로 생각한다. 어떤 콘텐츠가 우연히 퍼지고, 언론에 다뤄지고, 자연스럽게 화제가 되기를 기대한다. 그러나 실제로 강력한 입소문을 만들어내는 브랜드들을 살펴보면 한 가지 공통점이 있다. 그들의 PR은 결코 우연이 아니다. 철저히 설계된 브랜드 구조 위에서 발생한다.

1) PR은 광고가 아니다

광고는 브랜드가 스스로 말하는 방식이다. 자신의 가치와 강점을 직접 설명하며, 메시지를 통제한다. 광고에서는 언제, 어디서, 어떤 문구로 소비자에게 메시지를 전달할지가 완전히 브랜드 손안에 있다.

반면 PR은 전혀 다른 방향에서 작동한다. PR은 브랜드가 직접 말하는 것이 아니라, 타인이 브랜드를 해석하게 만드는 구조다. 보도자료가 광고문처럼 쓰이고, 인터뷰가 단순한 자랑으로 끝나며, 미디어 노출이 단순 홍보로 소비된다면, 사람들은 그것을 "광고 같은 PR"로 받아들인다. 결국 신뢰가 쌓이지 않는 것이다.

좋은 PR은 느리고, 완전하지 않으며, 통제할 수 없는 요소가 많다. 하지만 바로 그 느슨함 속에서 진정성이 드러난다. 광고가 '설명'이라면, PR은 '해석'을 낳는다. 사람들의 해석이 쌓일수록 브랜드에 대한 신뢰는 강화된다. 따라서 브랜드는 PR을 통해 메시지를 직접 통제하기보다, 소비자와 언론이 브랜드를 자연스럽게 이해하고 이야기하게 만드는 구조를 만들어야 한다.

2) 입소문은 제품이 아니라 '태도'에서 시작된다

사람들은 단순히 좋은 제품만 퍼뜨리지 않는다. 공유하는 것은 언제나 '말할 이유가 있는 이야기'다. 제품의 기능이나 장점만 강조한다고 해서 자연스럽게 퍼지지 않는다. 사람들이 이야기하는 것은 브랜드의 태도와 선택, 맥락이 담긴 순간이다.

"이 브랜드는 어려운 선택을 할 때 원칙을 지켰대.""이 브랜드는 고객을 이렇게 세심하게 대하더라."

입소문의 출발점은 콘텐츠가 아니라 브랜드의 행동이다. 기준에 따라 움직이고, 어려운 결정 속에서도 원칙을 지키며, 문제 상황에서 어떤 태도를 보였는지가 곧 브랜드의 스토리가 된다. 행동이 먼저 쌓이면, 사람들의 언어와 해석이 자연스럽게 따라온다. 콘텐츠는 그저 이 과정을 전달하는 매개일 뿐이다.

3) 자극은 화제를 만들 수 있어도, 신뢰를 만들지는 못한다

많은 브랜드가 순간적인 관심을 얻기 위해 자극적인 캠페인을 기획한다. 눈길을 끄는 콘텐츠, 과장된 메시지, 강력한 할인 이벤트 등은 단기적인 조회수와 참여를 확보할 수 있다. 그러나 맥락 없는 자극은 오래가지 않는다. 브랜드에 대한 신뢰나 호감으로 이어지지 않는다.

더 큰 문제는, 그 자극이 기존 브랜드 이미지와 어긋날 때 발생한다. 일시적 주목은 얻을지 몰라도, 소비자에게 "이 브랜드답지 않다"는 인상을 남긴다. PR과 바이럴은 단발성 이벤트가 아니라, 브랜드가 꾸준히 보여 온 기준과 맥락 위에서만 작동한다. 따라서 단순히 화제만 노리는 캠페인은 장기적 신뢰를 만들지 못한다.

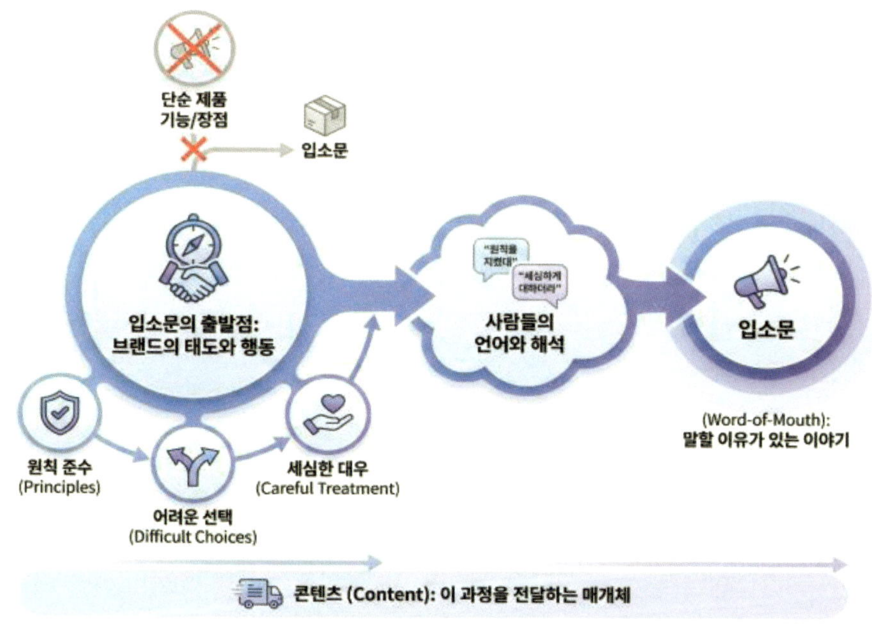

4) 일관성 있는 브랜드는 설명할 필요가 없다

강력한 입소문을 만드는 브랜드에는 공통적인 신뢰 구조가 있다. 소비자들은 이렇게 인식한다.

"이 브랜드는 어떤 상황에서도 일관된 판단을 한다.""이 브랜드는 언제나 원칙을 지킨다."

이 인식이 형성되면 브랜드는 스스로를 설명할 필요가 없다. 소비자가 대신 말해주기 때문이다. 브랜드의 말과 행동이 일치할수록 신뢰는 쌓이고, 그 경험은 자연스럽게 입소문으로 이어진다.

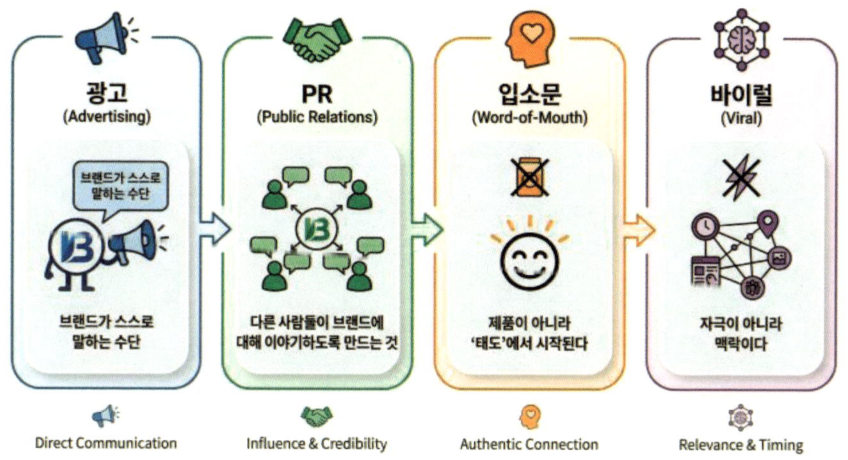

5) PR은 만드는 것이 아니라, 일어나는 것이다

기업이 PR을 잘하려고 메시지를 철저히 통제하거나 단어 하나까지 계산하면, 브랜드는 경직되고, 사람들은 인공적 느낌을 감지한다. 좋은 PR은 완벽한 문장에서 나오지 않는다.

PR은 브랜드의 태도와 선택, 일관성에서 자연스럽게 만들어지는 결과다. 브랜드가 흔들리지 않는 기준을 가지고 행동하면, 언론과 소비자는 그 기준을 하나의 스토리로 해석한다. 그 해석이 입소문이 되고, 신뢰가 된다.

결국 PR, 입소문, 바이럴은 마케팅 기술이 아니라 브랜딩의 결과다. 신뢰가 외부로 반사된 효과이며, 사람들은 광고를 믿지 않는다. 그러나 사람이 말하는 브랜드는 기억한다. 브랜드의 행동과 일관성이 쌓일 때, PR은 자연스럽게 발생한다.

6. 마케팅 판을 바꾼 브랜드의 선택

시장을 바꾼 브랜드들은 대체로 같은 질문에서 출발하지 않았다. "어떻게 더 많이 팔 것인가?"가 아니라, "이 브랜드는 어떤 방식으로 기억될 것인가?"라는 질문을 먼저 던졌다.

그리고 이 질문에 대한 선택이, 결과적으로 마케팅의 판을 바꾸었다. 마케팅 판을 바꾼 브랜드들의 공통점은 '새로운 기술'이나 '큰 예산'이 아니다. 오히려 기존의 마케팅 공식에서 벗어나는 의도적인 선택에 있다. 하지 않기로 한 것, 늦게 가기로 한 것, 설명보다 태도를 앞세운 결정들이 브랜드의 방향을 결정했다.

대표적인 사례 중 하나는 애플이다. 애플은 제품의 기능을 가장 먼저 설명하지 않는다. 스펙 경쟁이 치열하던 시장에서 애플은 늘 "무엇을 할 수 있는가"보다 "이 제품이 어떤 경험을 주는가"를 이야기했다. 광고에서도 가격과 성능은 뒤로 밀리고, 브랜드의 세계관과 감정이 전면에 등장했다. 이 선택은 단기 전환보다 장기 기억을 택한 결정이었다.

국내 사례로는 배달의민족을 들 수 있다. 배달 앱이라는 기능적 서비스임에도 불구하고, 배달의민족은 줄곧 '유머와 언어'를 브랜드 자산으로 키웠다. 할인이나 속도 경쟁에 매몰되지 않고, 브랜드 말투와 태도를 일관되게 유지했다. 그 결과 배달의민족은 앱을 넘어 하나의 문화적 코드로 인식되었다.

또 다른 사례는 파타고니아다. 파타고니아는 환경 보호라는 브랜드의 기준을 마케팅보다 앞에 두었다. "이 옷을 사지 마세요"라는 광고는 판매를 포기한 메시지처럼 보였지만, 오히려 브랜드에 대한 신뢰와 존중을 강화했다. 이 선택은 퍼포먼스를 낮추는 결정이 아니라, 브랜드의 존재 이유를 명확히 하는 전략이었다.

이 브랜드들은 공통적으로 마케팅을 도구로 사용했지, 목적이 되게 두지 않았다. SNS, 콘텐츠, 광고, PR은 모두 브랜드의 기준 안에서 움직였다. 그 결과 어떤 채널을 사용하든 메시지는 흔들리지 않았고, 소비자는 브랜드를 하나의 성격으로 인식하게 되었다.

마케팅 판을 바꾼 선택은 대개 불편해 보인다. 느려 보이고, 비효율적으로 보이며, 때로는 기회를 놓치는 것처럼 느껴진다. 하지만 이 선택들은 브랜드를 단기 성과의 소모품이 아니라, 장기적으로 축적되는 자산으로 만든다. 중요한 것은 이 선택들이 특별한 브랜드만의 전략이 아니라는 점이다.

작은 브랜드일수록, 자원이 적을수록, 이 기준 있는 선택은 더 강력해진다. 모두가 같은 방식으로 말할 때, 다른 선택을 하는 브랜드는 더 또렷하게 보이기 때문이다. 결국 마케팅의 판을 바꾼 브랜드들은 마케팅을 잘한 것이 아니라, 브랜딩을 끝까지 포기하지 않았다. 그리고 그 일관된 선택이, 시장의 룰을 바꾸는 힘이 되었다.

1) 실전 체크리스트 / 실행 로드맵

브랜딩은 이해로 끝나지 않는다. 실행되는 구조가 되어야 한다. 브랜딩은 멋진 정의나 감각적인 슬로건에서 완성되지 않는다. 작은 브랜드일수록 브랜딩은 매일의 선택과 반복되는 실행 속에서 비로소 힘을 가진다.

그래서, 지금 무엇을 하면 되는가?
브랜딩을 시작하기 전에 반드시 점검해야 할 체크리스트가 필요하다.

이 질문들은 단순히 전략을 만들기 위한 도구가 아니다. 방향을 '정하는' 것이 아니라, 흔들리지 않도록 '고정시키는' 질문들이다. 한 번의 답으로 끝나는 것이 아니라, 이후의 모든 선택과 실행에서 기준이 되는 축을 세우는 과정에 가깝다.

결국 이 질문들은 브랜드가 어디로 가야 하는지를 명확히 하고, 그 방향에서 벗어나지 않도록 붙잡아주는 역할을 한다.

2) 창업자를 위한 브랜딩 실행 5단계 로드맵

브랜딩은 감각의 문제가 아니라 실행의 문제다. 많은 창업자가 "브랜딩이 중요하다는 건 알지만, 그래서 무엇부터 해야 하는지 모르겠다"는 지점에서 멈춘다. 로고를 바꿀지, SNS를 할지, 광고를 집행할지가 아니라, 어떤 순서로 정리하고 어떤 기준을 먼저 세워야 하는지가 막히는 것이다.

앞에서 살펴본 브랜드 정체성, 철학, 기억 구조, 접점, 일관성은 모두 방향을 설명하는 개념들이다. 이제 필요한 것은 그 방향을 실제 행동으로 옮길 수 있는 구조다. 창업자가 혼자서도 점검하고 실행할 수 있는 최소한의 로드맵이 있어야 브랜딩은 비로소 '생각'이 아니라 '움직임'이 된다.

다음의 다섯 단계는 거창한 마케팅 전략이 아니다. 브랜드를 흔들리지 않게 만드는 가장 기본적인 실행 순서이며, 작은 브랜드일수록 반드시 거쳐야 할 과정이다. 이 순서를 지키는 것만으로도 브랜딩의 많은 시행착오는 자연스럽게 줄어든다.

① 브랜드 문장 정리

브랜드는 설명이 아니라 기준 문장에서 시작된다.

"우리는 누구를 위해, 어떤 문제를, 어떤 태도로 해결한다." 이 문장은 홈페이지, SNS, 콘텐츠, 광고의 기준점이 된다.

② 페르소나의 하루 설계

타깃 분석이 아니라 하루의 흐름을 그린다.아침, 점심, 밤 □ 이 사람이 언제 어떤 감정 상태에서 브랜드를 만나는지를 구체화한다. 콘텐츠와 메시지는 이 흐름 위에 올라간다.

③ 브랜드 톤 & 언어 고정

말투는 취향이 아니라 전략이다.

공식적인지, 친근한지, 단정한지, 솔직한지. 한 번 정한 톤은 모든 채널에서 동일하게 반복되어야 한다.

④ 브랜드 경험 점검

광고보다 중요한 것은 과정이다.검색 → 클릭 → 문의 → 구매 → 사용 → 후기 이 흐름 속에서 브랜드가 일관된 태도로 행동하고 있는지 점검한다.

⑤ 마케팅 도구 선택

SNS, 콘텐츠, 광고는 브랜드가 준비된 이후에 선택한다.모든 채널을 할 필요는 없다. 브랜드 문장이 가장 잘 전달되는 채널 하나면 충분하다.

브랜드는 화려한 기술에서 만들어지지 않는다. 결국 사람에게서 시작된다. 누구에게 말을 걸고 있는지, 그 사람이 어떤 마음으로 하루를 살아가는지 이해할 때 비로소 브랜드의 방향이 선명해진다.

앞에서 정리한 다섯 가지 과정은 복잡한 마케팅 전략이 아니라, 브랜드가 흔들리지 않기 위한 기본적인 기준들이다. 이 기준이 세워지면 콘텐츠와 광고는 훨씬 단순해지고, 브랜드의 메시지는 더 또렷하게 전달된다.

3) 작은 브랜드를 위한 월간 실행 체크리스트

매달 아래 항목만 점검해도 브랜드는 흔들리지 않는다.

① 이번 달 콘텐츠는 브랜드 문장과 연결되어 있는가
② SNS 말투가 지난달과 달라지지 않았는가
③ 단기 매출 때문에 브랜드 기준을 흔든 결정은 없었는가
④ 고객 반응 중 '반복적으로 등장하는 말'은 무엇인가
⑤ 이 브랜드를 설명하는 단어가 하나 더 명확해졌는가

브랜딩은 새로운 것을 만드는 일이 아니라, 흔들리지 않게 유지하는 일에 가깝다.

4) 브랜딩은 완성되지 않는다, 관리된다.

브랜딩은 단발성 프로젝트가 아니다. 로고를 만들고, 색상을 정하고, 한 번 캠페인을 진행했다고 끝나는 작업이 아니라, 모든 선택의 순간마다 기준으로 작동하는 구조다.

브랜드가 성장하고 활동 영역이 넓어질수록, 마주하게 되는 결정과 선택은 점점 더 많아진다. 새로운 제품을 출시할 때, 광고 문구를 정할 때, SNS 게시물을 올릴 때, 내부 대응 방식이나 서비스 경험을 설계할 때 - 모든 순간 브랜딩의 기준이 지침이 되어야 한다.

이 기준이 없으면, 브랜드는 쉽게 유행과 숫자, 외부 평가에 휘둘린다. 순간적인 반응과 단기 성과에 따라 방향을 바꾸다 보면, 브랜드의 정체성은 흐려지고, 소비자가 기억하는 이미지는 단편적이고 불안정해진다.

반대로, 작은 브랜드가 오랫동안 살아남는 이유는 대단한 전략이나 거대한 예산 때문이 아니다. 반복적으로, 일관되게 기준을 지켜낸 경험 때문이다.

브랜딩은 완성된 목표가 아니라, 끊임없이 다듬고 점검하며 관리하는 여정이다. 기준을 명확히 하고, 그 기준을 행동과 메시지에 일관되게 적용할 때, 브랜드는 시간이 지나도 흔들리지 않고, 소비자에게 확실한 인상과 신뢰를 남긴다.

결국 브랜딩의 힘은 단기적 유행에 흔들리지 않는 일관성과 매일 반복되는 선택 속에서 쌓이는 신뢰에서 나온다.

7. 브랜딩을 위한 마케팅 설계 질문

마케팅은 많이 하는 것이 중요한 것이 아니라, 어떤 기준 위에서 작동하느냐가 더 중요하다. 브랜딩 없이 시작된 마케팅은 일시적인 노출과 반응은 만들어낼 수 있지만, 소비자의 기억 속에 남는 이미지를 형성하지는 못한다. 많은 창업자가 성과를 만들기 위해 마케팅부터 시작하지만, 기준 없이 실행된 마케팅은 방향을 잃기 쉽고 결국 반복적인 시행착오로 이어진다.

이제 필요한 것은 더 많은 채널이나 기술이 아니다. 중요한 것은 브랜드의 기준 안에서 마케팅을 실행할 수 있는 구조를 만드는 것이다. 다음 질문들은 마케팅 활동을 단기 성과가 아니라 장기적인 브랜드 자산으로 축적하기 위해 반드시 점검해야 할 핵심 기준들이다.

1) 우리는 지금 마케팅을 시작해도 되는 상태인가

마케팅은 준비되지 않은 상태에서 시작할수록 효율이 아니라 낭비로 이어진다. 브랜드가 무엇을 반복해서 말할 것인지, 어떤 태도로 고객과 소통할 것인지가 정리되지 않은 상태에서는 아무리 많은 예산과 시간을 투입해도 일관된 인상을 남기기 어렵다.

따라서 마케팅의 시작 시점은 '지금 당장 해야 한다'는 압박이 아니라, 브랜드가 스스로를 설명할 수 있는 기준이 준비되어 있는지에 달려 있다. "우리 브랜드는 이런 방향을 가진다”라고 말할 수 있는 문장이 실제 의사결정에 반영되고 있는지 점검해야 한다. 이 기준이 마련될 때 비로소 마케팅은 방향성을 갖고 작동하기 시작한다.

2) SNS를 ‘채널’이 아니라 ‘관계’로 설계하고 있는가

SNS는 단순히 콘텐츠를 업로드하는 공간이 아니라, 브랜드가 사람들과 관계를 맺는 공간이다. 많은 브랜드가 업로드 빈도나 트렌드에 집중하지만, 실제로 중요한 것은 이 계정이 어떤 존재로 기억되는지다.

이 브랜드는 팔로워에게 어떤 역할을 하는지, 정보를 주는 존재인지, 공감을 나누는 존재인지, 혹은 기준을 제시하는 존재인지 명확해야 한다. 또한 어떤 거리감과 말투로 소통할 것인지가 일관되게 유지되어야 한다. 이러한 기준 없이 운영되는 SNS는 활동량이 많아도 하나의 인격으로 인식되지 못하고, 결국 콘텐츠의 축적이 브랜드의 축적으로 이어지지 않는다.

3) 우리는 판매보다 신뢰를 먼저 쌓고 있는가

콘텐츠 마케팅의 핵심은 제품을 설명하는 것이 아니라, 브랜드의 관점과 태도를 반복해서 보여주는 데 있다. 사람들은 단순한 정보보다 그 정보를 전달하는 방식과 기준을 통해 브랜드를 판단한다.

무엇을 팔 것인가보다 먼저, 무엇을 계속해서 말할 것인지가 중요하다. 이 과정에서 만들어지는 것은 설득이 아니라 신뢰다. 신뢰는 단기적인 강한 메시지로 만들어지는 것이 아니라, 시간이 지나면서 일관된 정보와 태도가 반복될 때 자연스럽게 형성된다. 결국 콘텐츠는 판매를 유도하기 위한 수단이 아니라, 브랜드의 기준을 쌓아가는 과정이어야 한다.

4) 퍼포먼스 마케팅이 브랜드 기준 안에서 작동하고 있는가

퍼포먼스 마케팅은 단기간에 성과를 만들 수 있는 강력한 도구지만, 동시에 브랜드를 가장 빠르게 훼손할 수 있는 방식이기도 하다. 클릭과 전환을 높이기 위해 자극적인 표현이나 과장된 메시지, 과도한 할인에 의존하기 시작하면 브랜드의 언어와 태도는 점점 사라지게 된다.

중요한 것은 광고 하나, 문장 하나에도 브랜드의 기준이 반영되고 있는지다. 퍼포먼스 마케팅은 독립적으로 작동하는 영역이 아니라, 브랜드의 방향 안에서 통제되어야 하는 수단이다. 이 균형이 유지되지 않으면 단기 성과는 올라갈 수 있지만, 장기적으로는 브랜드의 신뢰와 가치가 약해지는 결과로 이어진다.

5) 우리는 '화제'가 아니라 '이야기될 이유'를 만들고 있는가

PR과 입소문은 우연히 만들어지는 것이 아니다. 사람들은 단순히 제품이 좋아서 이야기하지 않는다. 그 브랜드가 어떤 기준으로 행동하는지, 어떤 태도를 유지하는지, 그리고 중요한 순간에 어떤 선택을 하는지를 보고 이야기한다.

일시적인 화제를 만드는 것은 가능하지만, 그것이 지속적인 신뢰로 이어지지는 않는다. 반대로 일관된 기준과 태도를 가진 브랜드는 특별한 자극이 없어도 자연스럽게 사람들 사이에서 공유된다. 결국 중요한 것은 얼마나 주목받느냐가 아니라, 왜 이야기되는가에 대한 이유를 만드는 것이다.

6) 우리는 마케팅을 잘하려는가, 아니면 브랜드를 남기려 하는가

마케팅의 목적이 단기적인 성과에만 맞춰져 있다면, 브랜드는 점점 더 '잘 팔리는 방식'에 끌려다니게 된다. 이 과정에서 메시지는 단순해지고, 표현은 자극적으로 변하며, 결국 브랜드가 지켜야 할 기준은 뒤로 밀려나게 된다.

반대로 브랜드를 남기려는 선택은 다르게 작동한다. 때로는 속도가 느려 보일 수 있고, 효율이 떨어지는 것처럼 보일 수도 있지만, 일관된 기준을 유지하는 방향으로 의사결정이 이루어진다. 마케팅은 어디까지나 수단일 뿐이며, 브랜드의 기준이 먼저다. 모든 마케팅 활동은 그 기준 안에서 실행될 때 비로소 의미를 가진다.

이 장의 핵심 정리

마케팅은 브랜드를 만드는 과정이 아니라, 이미 정리된 브랜드를 확장하는 도구다. 브랜드의 기준 없이 시작된 마케팅은 일시적인 성과를 만들 수는 있지만, 소비자의 기억 속에 남는 이미지와 신뢰를 형성하지는 못한다. SNS는 단순한 채널이 아니라 관계이며, 콘텐츠는 판매를 위한 장치가 아니라 신뢰를 축적하는 과정이다. 퍼포먼스 마케팅은 강력한 수단이지만, 기준 없이 사용될 경우 브랜드를 빠르게 소모시키는 구조로 이어질 수 있다. 또한 PR과 입소문은 기술이나 운이 아니라, 브랜드의 태도와 선택이 외부로 드러난 결과로 만들어진다.

결국 중요한 것은 마케팅을 얼마나 많이 하느냐가 아니라, 어떤 기준 위에서 반복하느냐다. 브랜드는 단기적인 성과가 아니라 일관된 선택의 축적을 통해 만들어진다. 그리고 이 축적이 이루어질 때, 마케팅은 더 이상 비용이 아니라 시간이 지날수록 가치가 쌓이는 자산으로 남게 된다.

6장

성장 이후,
다음 단계로 가는 선택

1. 성장 이후, 반드시 점검해야 할 핵심 체크포인트

브랜드가 어느 정도 성장 궤도에 오르면 많은 창업자들은 안도한다. 매출이 안정되고, 고객이 생기며, 시장에서 이름이 언급되기 시작하면 '이제 자리를 잡았다'는 감각이 들기 마련이다. 그러나 실제로 브랜드가 가장 흔들리기 쉬운 시점은 바로 성장 이후의 구간이다. 위기는 눈에 보이지 않고 작은 균열로 서서히 시작된다.

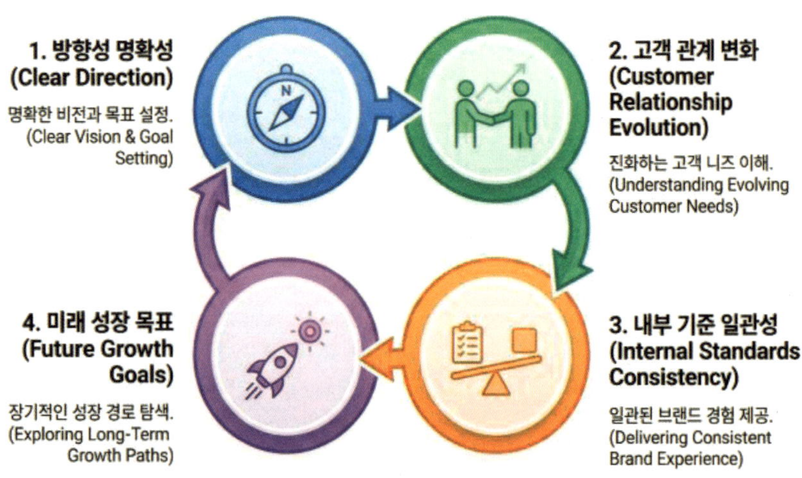

첫 번째로 점검해야 할 것은 브랜드의 방향성이 여전히 명확한가 하는 것이다. 초기에는 한 문장으로 설명되던 브랜드의 이유와 기준이 시간이 지나면서 점

점 흐려지는 경우가 많다. 새로운 고객층이 생기고 매출 기회가 늘어나면서 브랜드는 점점 더 많은 것을 시도하게 된다. 이 과정에서 '이건 우리 브랜드답지 않은데'라는 질문이 사라지기 시작하면 이미 방향 감각을 잃고 있다는 신호다. 브랜드는 확장할수록 더 선명해져야 하며, 방향성이 흐려진 성장은 결국 정체로 이어진다.

두 번째 체크포인트는 고객과의 관계가 어떻게 변하고 있는지다. 성장 초기의 고객과 지금의 고객은 같아 보이지만, 실제로는 다르다. 브랜드가 커질수록 고객과의 거리는 자연스럽게 멀어진다. 문제는 이 거리를 인지하지 못한 채, 여전히 과거의 방식으로 소통하려 할 때 발생한다. 고객이 반응 속도가 느려졌는지, 질문의 결이 바뀌었는지, 브랜드에 기대하는 역할이 달라졌는지를 점검해야 한다. 성장은 고객을 늘리지만, 관계를 자동으로 유지해주지는 않는다.

세 번째는 내부 기준의 일관성이다. 브랜드가 성장하면 조직도 함께 커진다. 이때 가장 자주 발생하는 문제는 '사람마다 브랜드를 다르게 이해한다'는 점이다. 콘텐츠를 만드는 사람, 고객을 응대하는 사람, 협업을 결정하는 사람이 각자 다른 기준으로 판단하기 시작하면 브랜드는 외부에서 일관성 없는 인상을 준다. 브랜드 가이드는 로고와 색상이 아니라, '이럴 때 우리는 어떻게 결정하는가'에 대한 내부 합의다. 성장 이후에는 이 기준을 다시 언어화하고 정리할 필요가 있다.

마지막으로 점검해야 할 것은 지금의 성장이 어디로 이어지고 있는가다. 많은 브랜드가 성장 그 자체를 목표로 삼지만, 방향 없는 성장은 결국 소모로 끝난다. 지금의 매출 구조가 지속 가능한지, 특정 채널이나 개인에 과도하게 의존하고 있지는 않은지, 다음 단계로 이동하기 위한 준비가 되어 있는지를 점검해야 한다. 브랜드는 커졌지만 구조는 여전히 초기 단계에 머물러 있다면, 그 성장은 오래가지 못한다.

성장 이후의 점검은 잘못을 찾기 위한 과정이 아니다. 오히려 지금까지의 선택을 다시 정렬하고, 다음 단계를 준비하기 위한 전환점에 가깝다. 이 시기에 무엇을 점검하고, 무엇을 유지하며, 무엇을 내려놓을지 결정하는 것이 브랜드의 수명을 좌우한다. 성장 이후의 브랜드는 더 많은 선택 앞에 서게 되고, 그 선택 하나하나가 브랜드의 다음 얼굴을 만든다.

2. 글로벌 확장, 성공과 실패를 가르는 기준

회사가 어느 정도 성장하고 나면 자연스럽게 마주하게 되는 질문이 있다. "다음 단계는 어디로 나아가야 하는가?" 많은 기업은 답을 글로벌 시장에서 찾는다. 그러나 글로벌 확장은 단순히 새로운 시장에서 매출을 늘리는 것이 아니라 브랜드가 자신의 정체성을 잃지 않으면서 성장할 수 있는가를 시험하는 과정이기도 하다

1) 브랜드 철학이 통하는 시장을 찾는 것

글로벌 확장의 시작은 시장 이해가 아니라 브랜드 철학에 대한 이해에서 출발해야 한다. 브랜드가 무엇을 의미하는지, 어떤 가치와 경험을 소비자에게 전달하고자 하는지를 명확히 하고, 그 메시지가 다른 문화권에서도 통할 수 있는지 점검해야 한다.

- 중국 시장은 전통적으로 차 문화가 깊다. 스타벅스는 단순히 미국식 커피를 가져가는 대신, 현지 차 문화와 조화를 이루는 메뉴와 매장 경험을 만들었다. 결과적으로 스타벅스는 단순한 커피숍을 넘어 문화적 경험과 브랜드 철학을 전달하는 공간으로 자리 잡았다.

- 반대로 몇몇 미국 패스트푸드 브랜드는 현지 식습관을 무시하고 기존 메뉴

를 그대로 제공했다. 단기적인 매출은 올릴 수 있었지만, 소비자와의 감정적 연결은 이루지 못해 결국 철수했다.

글로벌 확장은 "시장에 맞춘 제품"이 아니라 "브랜드 철학을 현지에서 어떻게 경험하게 할 것인가"가 기준이 된다.

2) 브랜드 경험을 일관되게 설계하는 것

글로벌 확장 과정에서 가장 흔히 실패하는 이유는 브랜드 경험의 일관성 부족이다. 제품이나 서비스를 현지화하면서 브랜드의 핵심 정체성이 훼손되면 소비자는 혼란을 느끼고 신뢰를 잃는다.

- 애플은 전 세계 어디서나 동일한 브랜드 경험을 제공한다. 단순히 제품 기능뿐 아니라 매장 디자인, 고객 응대, 포장, 마케팅 메시지까지 브랜드 철학과 경험을 일관되게 전달한다.

- 반면 가격 경쟁이나 단기 매출만 신경 쓴 일부 전자제품 기업은 브랜드 가치가 흐려지고 장기적으로 글로벌 시장에서 자리를 잃었다.

글로벌 시장에서는 브랜드 일관성이 곧 경쟁력이다.

3) 현지 파트너십과 협업을 통한 정체성 유지

글로벌 시장에서는 현지 파트너십과 네트워크가 필수적이다. 그러나 단순히 유통망 확보만이 목적이 아니라, 브랜드 철학과 경험이 현지에서 온전히 전달될 수 있는 협업이어야 한다.

- 세븐일레븐 일본 법인은 미국 본사보다 프랜차이즈 운영을 더 현지화했다. 그 결과 일본 소비자들은 브랜드의 핵심 경험을 그대로 느끼면서도 현지 문화와 맞닿은 서비스를 경험할 수 있었다.

- 일부 외국 유통 기업은 현지 파트너와 협력 없이 진출했다가, 규제와 문화적 장벽에 막혀 철수해야 했다.

협업은 단순한 거래가 아니라 브랜드 경험을 현지화하면서도 본질을 유지하는 전략적 도구다.

4) 위기 대응과 브랜드 유연성

글로벌 환경은 정치, 경제, 문화적 변화로 언제든 흔들릴 수 있다. 여기서 중요한 것은 단순한 대응 능력이 아니라, 브랜드 경험과 철학을 훼손하지 않으면서 위기에 대응하는 유연성이다.

- 유니클로는 각국의 정치·경제적 변화에 따라 매장 구조, 가격 정책, 제품 라인업을 조정하며 리스크를 최소화했다. 동시에 브랜드가 전달하려는 "합리적 가격의 고품질 의류"라는 핵심 경험은 흔들리지 않았다.

글로벌 확장에서 진짜 시험은 브랜드 가치와 경험을 지키면서 변화를 받아들이는 능력이다.

5) 글로벌 확장 전에 점검할 것

브랜드 중심 글로벌 확장을 위해 반드시 점검해야 할 기준은 다음과 같다.

① 브랜드 철학과 핵심 가치가 다른 문화권에서도 전달 가능한가?
② 현지 소비자가 브랜드 경험을 동일하게 느낄 수 있는가?
③ 현지 파트너십과 협업이 브랜드 경험을 해치지 않는가?
④ 위기와 변화 속에서도 브랜드 정체성을 지킬 수 있는 구조를 갖췄는가?

이 기준을 충족할 때, 기업은 단순한 글로벌 확장이 아닌 브랜드 성장의 새로운 단계로 나아갈 수 있다.

브랜드가 일정 수준으로 성장하면, 자연스럽게 더 넓은 소비자층과 새로운 시장에 도전할 기회가 찾아온다. 그때 마주하게 되는 전략적 선택 중 하나가 바로 협업과 콜라보레이션이다.

협업은 단순히 매출을 올리거나 주목도를 높이는 도구가 아니다. 올바른 협업은 브랜드 경험을 확장하고, 브랜드 철학을 더 깊게 전달할 기회가 된다. 반대로 잘못된 협업은 브랜드의 핵심 정체성을 흔들고, 기존 고객과의 신뢰를 깨뜨릴 수도 있다.

협업이 성공하려면 가장 먼저 해야 할 일은 브랜드 철학과 핵심 경험을 이해하는 것이다. 단순히 유명 브랜드나 인기 IP와 손을 잡는다고 성공하는 것이 아니다. 브랜드가 전달하고자 하는 가치와 메시지가 자연스럽게 녹아 있어야 한다.

• 루이비통은 전통적인 럭셔리 이미지를 가진 브랜드였다. 그런데 NBA와의 협업을 통해 젊은 소비자층과 스포츠 팬에게 다가가고자 했다. 단순히 로고만 합친 것이 아니라, 제품 디자인과 컬렉션 스토리에 NBA의 에너지를 녹였다. 결

과는 성공적이었다. 루이비통의 럭셔리 감성과 NBA의 활기찬 문화가 서로 보완되면서, 브랜드는 자신의 철학을 유지하면서도 새로운 세대와 연결될 수 있었다.

• 한 국내 패션 브랜드는 기존 브랜드가 추구하는 '모던 미니멀리즘' 이미지와 맞지 않는 캐릭터와 협업했다. 화제성은 있었지만, 기존 고객은 혼란스러워했고 새로운 고객은 브랜드 철학을 이해하지 못했다. 단기적으로 관심을 얻었지만, 장기적 충성도와 신뢰는 잃었다.

협업은 브랜드를 확장하는 도구일 뿐, 트렌드를 단순히 따라가는 용도가 되어서는 안 된다.

협업 과정에서 브랜드의 핵심 철학과 새 협업의 이미지가 충돌할 수 있다. 이 순간이 바로 브랜드가 스스로의 정체성을 재점검하고, 필요하다면 성장 방향을 재설계하는 결정적 순간이다.

• 구찌는 전통적 럭셔리와 디즈니의 캐주얼 감성을 결합하면서, 기존 고객과 젊은 신규 고객 모두에게 어필했다. 핵심은 컬렉션 디자인과 마케팅 메시지가 브랜드 철학과 연결되도록 조율했다는 점이다. 소비자는 브랜드의 가치를 느끼면서 동시에 친근한 즐거움을 경험할 수 있었다.

• 일부 브랜드는 단순히 유명 IP와 손을 잡아 화제를 노렸다. 그러나 브랜드의 정체성을 고려하지 않은 콜라보는 소비자 혼란과 브랜드 가치 훼손으로 이어졌다. 결과적으로 단기적 관심만 얻고 장기적 신뢰를 잃게 된다.

협업은 브랜드의 영역을 넓힐 수 있지만, 정체성이 흔들리면 장기적 성장에 위험이 된다.

협업이나 콜라보를 시작하기 전, 반드시 점검해야 할 질문은 다음과 같다.

① 협업 상대가 우리의 브랜드 철학과 맞는가?
② 협업이 기존 소비자 경험을 해치지 않는가?
③ 협업이 브랜드의 장기 전략과 연결되는가?
④ 새로운 소비자층에게 브랜드 경험을 자연스럽게 전달할 수 있는가?

이 질문에 답할 수 있을 때, 협업은 단순한 마케팅 도구가 아니라 브랜드의 영역을 확장하고 새로운 경험을 창출하는 전략적 도구가 된다.

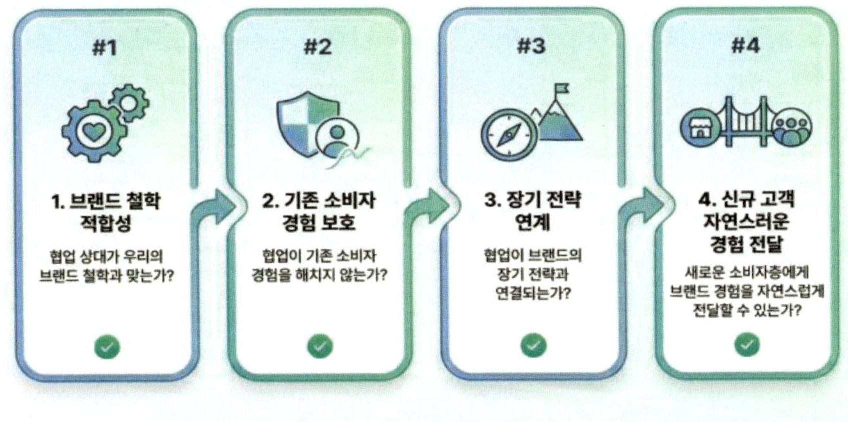

잘 설계된 협업은 단순한 제품 출시를 넘어, 브랜드가 새로운 문화적 접점을 탐험하고, 새로운 소비자층과 감정적으로 연결되는 기회를 제공한다. 동시에 브랜드가 전달하려는 핵심 철학과 경험을 확인하고, 더욱 확고하게 만드는 순간이 된다.

협업과 콜라보는 브랜드의 정체성을 시험하는 거울이다. 맞춤형 설계로 정체
성을 강화하면 새로운 성장 기회가 되고, 잘못된 선택은 브랜드의 뿌리를 흔
드는 위험이 된다.

3. 협업과 콜라보가 정체성을 바꾸는 순간

브랜드가 어느 정도 성장하면 협업 제안이 들어오기 시작한다. 인플루언서와의 공동 기획, 다른 브랜드와의 콜라보 패키지, 팝업 스토어 동시 운영, 플랫폼의 큐레이션 참여, 공동 라이브 방송까지. 협업은 도달 범위를 넓히고, 새로운 고객에게 브랜드를 소개하며, 단기간 매출을 끌어올리는 데 분명 효과적이다.

그래서 많은 브랜드가 협업을 '성장 공식'처럼 받아들인다. 하지만 협업은 단순한 마케팅 옵션이 아니라, 때로는 브랜드 정체성을 바꾸는 강력한 장치다. 협업을 잘하면 브랜드가 더 선명해지지만, 잘못하면 브랜드가 브랜드 자신을 잃어버린다.

협업이 위험해지는 지점은 의외로 간단하다. "우리와 맞는가?"라는 질문보다 "지금 이 기회가 크지 않은가?"라는 판단이 앞서는 순간이다. 특히 작은 브랜드는 협업 제안을 받을 때 과도하게 흥분하기 쉽다. 상대가 유명할수록, 팔로워가 많을수록, 플랫폼 노출이 크다고 할수록 '이번에 한 번만'이라는 마음으로 기준을 내려놓는다. 그런데 협업은 한 번으로 끝나지 않는다. 협업이 남기는 건 제품이 아니라 기억이고, 기억은 브랜드의 방향을 바꾼다.

예를 들어 프리미엄 홈카페 브랜드가 있다고 해보자. 이 브랜드는 "취향을 천천히 쌓는 시간"을 강조하며, 제품 설명도 차분하고 과장 없이 정제된 톤을 유지한다. 그런데 갑자기 초저가 공동구매로 유명한 채널과 협업을 진행한다. 단기간 매출은 폭발할 수 있다.

하지만 그 순간 소비자에게 각인되는 메시지는 바뀐다. "이 브랜드는 원래 비싸게 받다가, 결국 싸게 파는구나." 혹은 "프리미엄이라더니 공동구매로 덤핑하는구나." 브랜드가 쌓아온 '가치'의 언어가, 협업 하나로 '가격'의 언어로 번역된다. 협업이 매출을 만들었지만, 정체성은 흔들린다.

반대로 가성비를 강점으로 내세운 브랜드가 갑자기 고가 럭셔리 브랜드와 콜라보를 하면 어떤 일이 생길까. 브랜드가 "합리적인 가격으로 일상에 필요한 것을 제공한다"는 약속을 해왔는데, 협업 제품이 지나치게 비싸면 기존 고객은 소외감을 느낀다. "이제 우리를 위한 브랜드가 아니구나." "가격 올리려고 빌드업하는 거구나."라는 해석이 따라붙는다. 새 고객이 유입될 수도 있지만,

기존 고객이 떠나면서 브랜드의 중심이 무너질 수 있다. 브랜드의 정체성은 고객과의 약속으로 유지되는데, 협업은 그 약속을 재해석하게 만든다.

협업과 콜라보가 정체성을 바꾸는 순간은 크게 세 가지 패턴으로 나타난다.

첫째, 언어가 바뀌는 순간이다. 평소에는 '품질, 철학, 기준'을 말하던 브랜드가 협업 콘텐츠에서는 갑자기 '대박, 역대급, 한정수량, 빨리 사야 함' 같은 급박한 언어를 쓰기 시작하면 소비자는 브랜드가 변했다고 느낀다.
둘째, 고객이 바뀌는 순간이다. 기존 고객이 사랑했던 이유가 '조용한 취향'이었는데, 협업으로 갑자기 '자극적인 대중성'이 들어오면 커뮤니티의 공기가 바뀌고, 브랜드가 제공하던 경험도 달라진다.
셋째, 기준이 무너지는 순간이다. 원료나 제작 방식에서 타협하지 않던 브랜드가 협업 납기와 단가를 맞추기 위해 사소한 디테일을 포기하면, 그 포기가 결국 브랜드의 신뢰를 갉아먹는다.

여기서 중요한 건 협업이 '나쁘다'가 아니다. 협업은 오히려 브랜드를 선명하게 만들 수도 있다. 문제는 협업을 "노출 채널"로만 이해할 때 발생한다. 협업은 채널이 아니라 메시지다. 브랜드가 상대와 손을 잡는 순간, 소비자는 그 장면을 하나의 선언으로 해석한다. "이 브랜드는 이런 가치의 편이구나." "이 브랜드는 이런 방향으로 가려는구나." 그러니 협업을 결정할 때는 성과 지표보다 먼저, 정체성 관점에서 질문해야 한다.

가장 먼저 점검할 것은 '결이 맞는가'다. 결이란 단순히 타깃 연령이 같다는 뜻이 아니다. 브랜드가 세상을 해석하는 방식, 고객을 대하는 태도, 중요하게 여기는 가치의 우선순위가 닮았는지를 말한다. 예를 들어 친환경을 핵심 가치로 내세운 브랜드가 있다면, 협업 상대도 그 가치에 대한 최소한의 진정성을 갖고 있어야 한다. 그렇지 않으면 협업은 '위선'으로 읽힐 수 있다. 실제로 소비자는 브랜드가 내세운 가치가 협업 순간에 얼마나 지켜지는지를 날카롭게 본다.

다음은 '우리의 강점이 더 선명해지는가'를 확인해야 한다. 좋은 협업은 서로의 부족함을 채우기보다, 서로의 강점을 더욱 돋보이게 만든다. 예를 들어, 장인 기술로 제품을 만드는 브랜드가 디자인 감각이 뛰어난 파트너와 협업하면, 제품의 품질과 완성도는 그대로 유지되면서 디자인의 세련됨과 감각이 함께 강화된다. 반대로 브랜드의 핵심 강점과 무관한 협업은 오히려 브랜드 이미지를 흐리게 만든다. '왜 이 조합이지?'라는 의문이 생기면 협업은 노출을 얻을지라도 신뢰를 잃는다.

또 하나의 기준은 '협업 이후에도 우리가 유지할 태도가 있는가'다. 협업은 이벤트처럼 보이지만, 소비자에게는 브랜드의 다음 장면을 예고한다. 협업에서 사용한 톤과 정책, 고객 응대 방식은 이후에도 기대치로 남는다. 그래서 협업 순간에 일관성을 잃으면, 협업 이후가 더 어려워진다. 협업을 통해 들어온 고객은 그 톤을 기대하고, 기존 고객은 바뀐 방향을 의심한다. 이 사이에서 브랜드는 정체성 혼란에 빠진다. 협업은 '외부 확장'이 아니라 '내부 정렬'이 먼저 되어야 안전하다.

실무적으로는 협업을 하나의 프로젝트가 아니라, 브랜드 전략의 일부로 설계해야 한다. 협업을 시작하기 전에 최소한 세 가지를 문서로 정리해두는 것이 좋다. 첫째, 이번 협업에서 우리가 절대 바꾸지 않을 메시지는 무엇인가. 둘째, 이번 협업으로 강화하고 싶은 이미지는 무엇인가. 셋째, 협업 과정에서 고객이 경험하게 될 접점(콘텐츠, 상세 페이지, 배송, CS, 후기 관리)에서 일관된 기준은 무엇인가. 이 세 가지가 정리되지 않으면, 협업은 눈앞의 성과 때문에 브랜드의 장기 자산을 소모하는 거래가 된다.

협업과 콜라보는 브랜드를 빠르게 성장시키는 지름길처럼 보이지만, 동시에 브랜드의 정체성을 빠르게 바꿀 수 있는 지름길이기도 하다. 어떤 브랜드는 협업으로 '확장'했고, 어떤 브랜드는 협업으로 '변질'되었다. 그 차이는 규모나 운이 아니라 기준에서 갈린다. 브랜드의 기준이 먼저 있고, 그 기준을 더 선명하게 만드는 협업을 선택할 때 협업은 성장의 도구가 된다. 반대로 기준이 없거나 흔들리는 상태에서 협업을 붙잡으면, 그 순간부터 브랜드는 타인의 무대에 맞춰 변형되기 시작한다.

결국 협업은 질문이다. "우리는 누구인가?" 그리고 "누구와 손을 잡을 때 그 '우리다움'이 더 또렷해지는가?" 이 질문에 답할 수 있는 브랜드만이, 협업을 통해 확장하면서도 정체성을 잃지 않는다. 협업은 한 번의 이벤트가 아니라, 브랜드의 방향을 증명하는 장면이다. 그 장면이 쌓여 브랜드가 된다.

4. 다음 단계로 이동하기 위한 구조와 설계

브랜드가 일정 수준 성장하면, 단순히 매출을 늘리는 것만으로는 충분하지 않다. 그 다음 단계는 성장을 지속하면서도 브랜드 철학과 핵심 경험을 흔들리지 않게 지키는 것이다. 이를 위해 필요한 것이 바로 구조와 설계다.

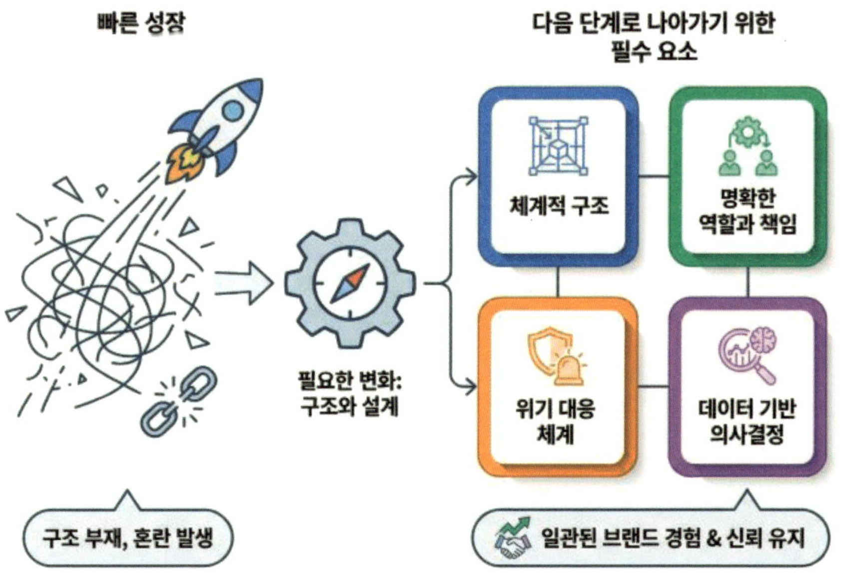

성장의 속도는 빠르지만, 브랜드 경험과 조직 구조가 이를 따라가지 못하면 혼란이 발생한다. 소비자는 브랜드의 일관성을 기대하며, 조금이라도 엇나간 경험이 반복되면 신뢰는 급격히 떨어진다. 성장 이후 브랜드가 다음 단계로 나아가려면, 체계적 구조, 명확한 역할과 책임, 위기 대응 체계, 데이터 기반 의사결정이 반드시 필요하다.

1) 브랜드 핵심 경험을 유지할 수 있는 구조

브랜드 경험은 소비자가 브랜드를 느끼는 가장 근본적인 접점이다. 매장, 제품, 고객 서비스, 온라인 채널까지 모든 접점에서 동일한 경험을 제공할 수 있는 구조가 없다면, 확장은 곧 혼란으로 이어진다.

- 스타벅스는 글로벌 확장 초기부터 매장 운영 시스템과 바리스타 교육을 표준화했다. 메뉴, 매장 환경, 고객 응대 방식까지 일관성을 유지하며, 어느 나라를 가도 동일한 브랜드 경험을 느낄 수 있도록 했다. 이 구조 덕분에 브랜드 철학은 유지되면서도 빠른 글로벌 확장이 가능했다.

다음 단계 설계는 브랜드 경험이 흔들리지 않도록 표준화된 프로세스와 시스템을 만드는 것에서 시작된다.

2) 명확한 역할과 의사결정 구조

브랜드가 성장하면 조직은 복잡해지고 의사결정 과정도 길어진다. 이때 필요한 것은 누가, 무엇을, 어떤 기준으로 결정하는지 명확히 하는 구조다.

- 애플은 제품 개발 단계에서 디자인, 엔지니어링, 마케팅 팀의 역할과 책임을 명확히 구분한다. 그리고 모든 결정은 브랜드 철학, 즉 "단순함과 직관적 경험"을 기준으로 이루어진다. 이러한 구조 덕분에 글로벌 시장과 다양한 제품 라인

업에서도 브랜드 경험이 일관되게 유지된다.

성장 이후 설계는 조직 내에서 브랜드 철학이 기준으로 작동하도록 의사결정 구조를 만드는 것이 핵심이다.

3) 리스크 관리와 유연한 대응 체계

성장은 기회인 동시에 위험이다. 특히 글로벌 확장, 협업, 신사업 진출 등에서 브랜드 경험과 철학이 흔들릴 수 있는 위험이 존재한다. 이를 막으려면 위험을 관리할 수 있는 체계적 구조가 필요하다.

● 유니클로는 해외 시장별 대응팀과 보고 체계를 구축해, 정치·경제적 변화나 시장 변수에 신속하게 대응할 수 있었다. 동시에 브랜드 철학인 "합리적 가격 의 고품질 의류"는 흔들리지 않았다.

브랜드 설계는 성장 과정에서 발생할 잠재적 위험을 사전에 관리하고 대응할 수 있는 구조까지 포함해야 한다.

4) 데이터 기반 설계와 경험 최적화

다음 단계 설계에서 필수적인 요소는 데이터 기반 의사결정이다. 브랜드가 성장하고 접점이 늘어날수록 경험은 자연스럽게 분산된다. 이때 중요한 것은 감각이나 직관만으로 운영하지 않고, 실제 소비자 행동과 시장 반응을 기반으로 구조를 점검하는 일이다.

소비자 행동 데이터, 시장 반응, 브랜드 접점에서 발생하는 경험 데이터를 지속적으로 분석하고 구조에 반영하면 브랜드 경험을 유지하면서도 효율적인 확장이 가능해진다.

예를 들어 고객의 유입 경로, 구매 과정에서의 이탈 지점, 반복 방문이나 재구매가 발생하는 순간을 데이터로 확인하면 브랜드 경험이 실제로 어디에서 작동하고 있는지 더 명확하게 파악할 수 있다. 이 과정에서 발견된 패턴은 콘텐츠 전략, 서비스 동선, 제품 구성, 고객 응대 방식까지 다양한 영역의 개선 기준이 된다.

결국 데이터 기반 설계는 단순한 성과 측정이 아니라 브랜드 경험을 지속적으로 점검하고 개선과 확장을 동시에 가능하게 하는 핵심 도구다. 브랜드가 성장할수록 감각만으로는 유지하기 어려운 일관성을, 데이터가 구조적으로 보완해 주기 때문이다.

5) 다음 단계로 이동하기 위한 체크리스트

브랜드가 성장 이후 다음 단계로 나아가기 위해서는 단순한 매출 증가나 매장 확장만으로는 충분하지 않다. 브랜드 경험을 유지하면서도 더 큰 규모를 감당할 수 있는 운영 구조와 의사결정 체계가 함께 준비되어야 한다.

다음의 질문들은 브랜드가 다음 단계로 이동하기 전에 반드시 점검해야 할 핵심 설계 요소들이다.

① 브랜드 핵심 경험을 유지할 수 있는 운영 구조가 마련되어 있는가? 매장, 서비스, 콘텐츠, 고객 응대 등 모든 접점에서 브랜드가 전달하려는 경험이 일관

되게 유지되고 있는지 점검해야 한다.

② 조직과 의사결정 구조가 브랜드 철학을 반영하고 있는가?브랜드가 중요하게 생각하는 기준이 실제 조직 운영과 의사결정 과정에 반영되어 있는지 확인해야 한다.

③ 성장 과정에서 발생할 수 있는 리스크를 관리할 체계가 있는가?브랜드 확장 과정에서는 품질 관리, 서비스 편차, 운영 비용 증가 같은 리스크가 동시에 발생한다. 이를 관리할 시스템이 마련되어 있어야 한다.

④ 데이터 기반 의사결정을 통해 소비자 경험을 지속적으로 최적화할 수 있는가?고객 행동과 시장 반응을 기반으로 브랜드 경험을 점검하고 개선할 수 있는 데이터 구조가 마련되어 있는지 확인해야 한다.

⑤ 글로벌 시장 어디에서나 브랜드 경험과 철학이 일관되게 구현될 수 있는가?브랜드가 다른 지역이나 시장으로 확장될 때도 동일한 경험과 가치가 유지될 수 있는 기준이 필요하다.

5) 성장 이후 다음 단계의 의미

성장 이후 다음 단계로 이동하는 것은 단순히 규모를 늘리는 일이 아니다. 브랜드 철학과 경험을 유지하면서 조직 시스템과 운영 프로세스를 전략적으로 설계하는 과정이다.

이 과정이 준비되지 않은 상태에서 확장만 이루어지면 브랜드는 빠르게 성장하는 것처럼 보이지만, 시간이 지나면서 경험의 일관성이 무너지고 소비자가 느끼는 브랜드의 인상도 점점 희미해진다.

반대로 브랜드 철학과 경험을 중심으로 조직 구조와 운영 시스템을 설계하면, 규모가 커져도 브랜드의 정체성은 흔들리지 않는다.

결국 다음 단계로의 이동은 단순한 확장이 아니라 브랜드가 더 넓은 시장에서도 동일한 경험을 제공할 수 있도록 기반을 구축하는 일이다. 이 기반이 갖춰질 때 브랜드는 일시적인 성장에 그치지 않고, 지속적으로 확장 가능한 구조를 갖추게 된다.

5. 성장 이후, 다음 단계로 가기 위한 설계 질문

성장 이후의 브랜드는 더 많은 기회와 더 많은 선택 앞에 놓인다. 문제는 이 선택들이 성장을 더 단단하게 만들 수도 있고, 반대로 지금까지 쌓아온 브랜드를 빠르게 흔들 수도 있다는 점이다. 이 시점에서 필요한 것은 더 빠른 확장이 아니라, 성장 이후에도 흔들리지 않는 기준 위에서 다음 단계를 설계하는 것이다.

다음 질문들은 브랜드가 규모를 키우면서도 정체성을 잃지 않기 위해 반드시 점검해야 할 핵심 질문들이다.

1) 지금의 성장은 '확장'인가, '소모'인가

성장은 언제나 긍정적으로 보이지만, 모든 성장이 건강한 것은 아니다. 매출이 증가하고, 채널이 늘어나고, 협업과 기회가 많아질수록 브랜드는 빠르게 확장되는 것처럼 느껴진다. 그러나 그 과정에서 브랜드의 기준이 희미해지고, 경험의 일관성이 무너지고 있다면 그 성장은 축적이 아니라 소모에 가깝다.

지금의 성장이 브랜드의 방향을 더 선명하게 만들고 있는지, 아니면 더 많은 선택 속에서 기준을 흐리고 있는지 점검해야 한다. 확장은 브랜드를 강화시키지만, 소모는 브랜드를 빠르게 지치게 만든다.

2) 우리는 커진 만큼 '같은 경험'을 유지할 수 있는가

브랜드가 성장하면 접점이 늘어나고, 그만큼 경험의 편차도 커진다. 문제는 소비자는 여전히 '하나의 브랜드'를 기대한다는 점이다. 어느 채널에서 접하든, 어떤 직원과 소통하든, 어떤 제품을 경험하든 동일한 기준과 태도를 기대한다. 따라서 지금 필요한 것은 더 많은 시도가 아니라, 경험을 유지할 수 있는 구조다.

콘텐츠, 고객 응대, 제품, 서비스 전반에서 브랜드가 전달하려는 핵심 경험이 일관되게 유지되고 있는지 점검해야 한다. 경험이 흔들리는 순간, 브랜드의 신뢰도 함께 흔들린다.

3) 협업과 확장이 우리의 정체성을 더 선명하게 만들고 있는가

성장 이후에는 다양한 협업과 확장 기회가 자연스럽게 찾아온다. 하지만 모든 기회를 잡는 것이 성장으로 이어지지는 않는다. 오히려 기준 없이 선택된 협업은 브랜드의 언어를 바꾸고, 고객이 인식하는 정체성을 흔들 수 있다.

중요한 것은 이 협업이 우리 브랜드의 강점을 더 또렷하게 만드는지다. 노출이나 단기 성과보다, 이 선택이 브랜드의 방향과 일치하는지 먼저 판단해야 한다. 협업은 확장의 도구이지만, 동시에 정체성을 시험하는 장치이기도 하다.

4) 조직과 구조는 브랜드 기준을 따라가고 있는가

브랜드가 성장하면 사람과 역할이 늘어나고, 의사결정은 점점 분산된다. 이때 가장 큰 위험은 '각자 다른 기준으로 움직이는 상태'다. 겉으로는 같은 브랜드처럼 보이지만, 내부에서는 서로 다른 판단 기준이 작동하기 시작한다.

따라서 중요한 것은 조직이 커지는 속도보다, 브랜드 기준이 조직 안에서 어떻게 작동하고 있는지다. 누가 어떤 상황에서 무엇을 기준으로 결정하는지 명확해야 하며, 모든 판단이 브랜드 철학과 연결되어야 한다. 구조가 기준을 담지 못하면, 성장은 곧 혼란으로 이어진다.

5) 우리는 다음 단계를 준비하는 구조를 갖추고 있는가

많은 브랜드가 '지금의 성장'을 유지하는 데 집중하지만, 실제로 중요한 것은 다음 단계를 준비하는 구조다. 특정 채널이나 개인에 의존하고 있지는 않은지, 지금의 매출 구조가 지속 가능한지, 확장 이후에도 운영 가능한 시스템을 갖추고 있는지를 점검해야 한다.

성장은 결과가 아니라 과정이다. 이 과정을 지탱할 수 있는 구조가 없다면, 성장은 어느 순간 멈추거나 되돌려지게 된다. 다음 단계로 이동한다는 것은 단순히 더 커지는 것이 아니라, 더 안정적으로 성장할 수 있는 기반을 만드는 일이다.

성장 이후의 브랜드는 더 많은 기회를 얻지만, 동시에 더 많은 위험에 노출된다. 이 시점에서 중요한 것은 얼마나 빠르게 확장하느냐가 아니라, 어떤 기준 위에서 확장하느냐다. 성장은 브랜드를 강화할 수도 있고, 빠르게 소모시킬 수도 있다. 그 차이는 선택의 기준에서 만들어진다. 브랜드가 커질수록 경험은 더 정교하게 관리되어야 하고, 협업과 확장은 더 신중하게 선택되어야 하며, 조직과 구조는 브랜드 철학을 중심으로 재정렬되어야 한다.

결국 다음 단계로의 이동은 단순한 규모의 확장이 아니라, 브랜드가 더 넓은 시장에서도 같은 경험과 같은 기준을 유지할 수 있도록 설계하는 과정이다.

브랜드는 성장하면서 완성되는 것이 아니라, 성장 이후의 선택을 통해 다시 정의된다. 그리고 그 선택이 일관된 방향으로 쌓일 때, 브랜드는 일시적인 성공을 넘어 지속 가능한 구조로 자리 잡게 된다.

7장

브랜딩 실전편
- 기획부터 실행까지

1. 브랜드의 핵심 문장 만들기

브랜딩의 출발점은 로고나 색상이 아니라 브랜드 철학과 기준을 압축한 한 문장이다. 이 문장이 없으면 브랜드는 상황에 따라 쉽게 흔들리고, 메시지는 매번 달라진다. 결국 이 한 문장이 모든 의사결정의 기준이 된다.

기준이 없는 상태에서 마케팅을 진행하면 자연스럽게 '그때그때 잘 팔리는 말'을 선택하게 된다. 하지만 이런 방식은 단기적인 반응은 만들 수 있어도 브랜드의 방향을 흐리게 만든다. 시간이 지날수록 메시지는 일관성을 잃고, 결국 브랜드는 무엇을 말하는 존재인지조차 모호해진다.

그래서 브랜드는 스스로를 한 문장으로 설명할 수 있어야 한다. 단순히 무엇을 판매하는지가 아니라, 왜 존재하는지, 고객에게 어떤 경험을 제공하는지, 그리고 어떤 상황에서도 포기하지 않을 원칙이 무엇인지까지 포함되어야 한다.

이 한 문장이 명확해지면 내부에서 이루어지는 의사결정의 기준이 달라진다. 직원들이 판단할 때도, 외부 파트너와 협업할 때도, 마케팅 메시지를 만들 때도 같은 기준 위에서 움직이게 된다. 그 결과 브랜드는 상황에 따라 흔들리는 것이 아니라, 같은 방향으로 축적되기 시작한다.

실무에서는 이 과정을 단계적으로 정리해볼 수 있다. 먼저 브랜드가 존재하는 이유를 한 문장으로 정의해야 한다. 그다음에는 고객이 이 브랜드를 통해 어떤 경험과 가치를 얻게 되는지를 포함시켜야 한다. 여기에 더해 브랜드가 반드시 지켜야 하는 원칙, 즉 어떤 상황에서도 타협하지 않을 기준까지 함께 담아야 한다.

이렇게 완성된 문장은 단순한 슬로건이 아니라, 내부와 외부 모든 활동을 판단하는 기준점으로 사용된다. 직원의 의사결정, 파트너와의 협업, 광고와 콘텐츠 메시지까지 이 문장을 기준으로 검토하게 되면 브랜드의 방향은 자연스럽게 일관성을 갖게 된다.

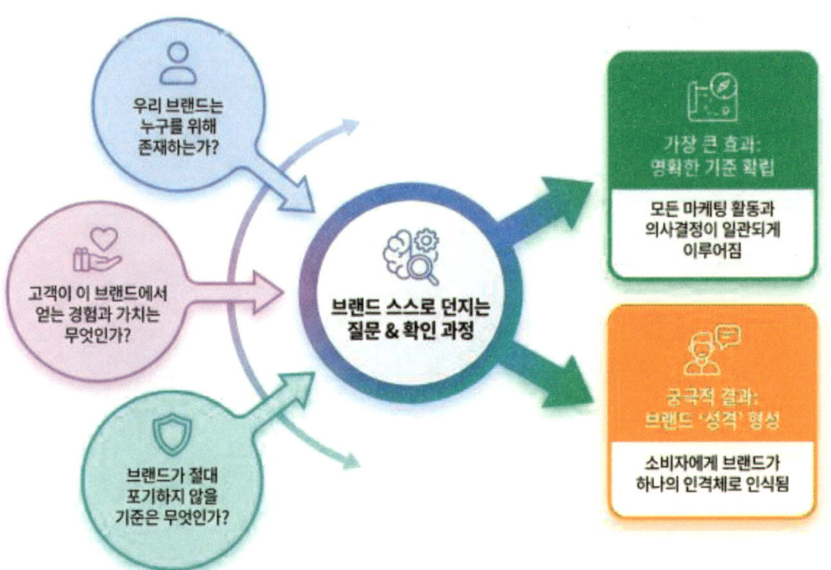

이 과정에서 스스로에게 던져볼 질문들도 중요하다. 우리 브랜드는 누구를 위해 존재하는지, 고객은 이 브랜드를 통해 어떤 경험과 가치를 얻는지, 그리고 어떤 상황에서도 절대 포기하지 않을 기준은 무엇인지 같은 질문이다. 이 질문에 막힘없이 답할 수 있다면, 그때 비로소 브랜드는 하나의 기준을 갖게 되었다고 볼 수 있다.

이 과정을 통해 얻을 수 있는 가장 큰 효과는, 브랜드가 무엇을 말하고 어떤 행동을 할지 명확한 기준을 세울 수 있다는 점이다. 즉, 모든 마케팅 활동과 의사결정이 브랜드 철학과 톤에 맞춰 일관되게 이루어지며, 소비자에게도 브랜드가 하나의 '성격'을 가진 존재로 인식되기 시작한다.

1) 실전 가이드

① 브랜드 존재 이유를 한 문장으로 정의
② 고객이 얻는 경험과 가치, 브랜드가 지키는 원칙 포함
③ 내부 직원, 파트너, 외부 마케팅 자료 모두 문장을 기준으로 검토

2) 체크리스트

① 브랜드가 누구를 위해 존재하는지 명확한가?
② 고객이 얻는 경험과 가치는 무엇인가?
③ 브랜드가 절대 양보하지 않을 기준은 무엇인가?

3) 예상 결과

브랜드가 무엇을 말하고 어떤 행동을 할지 기준이 명확해진다.

2. 페르소나의 하루 설계

타깃 분석은 숫자와 데이터 중심으로 이루어지는 경우가 많다. 연령대, 성별, 직업, 지역, 구매력 등 통계적 정보로 고객을 정의하죠. 그러나 브랜딩은 단순한 수치가 아니라 고객의 하루 속 장면에서 시작된다.

고객이 하루를 어떻게 보내며 어떤 순간에 브랜드와 마주치는지가 중요하다. 이 관점에서 접근하면 브랜드의 메시지와 콘텐츠가 고객 일상과 자연스럽게 연결된다.

1) 실전 가이드

① 고객 페르소나 설정나이, 직업, 라이프스타일, 감정 패턴 등 고객을 입체적으로 정의한다. 단순한 연령대 구분이 아니라, 그들의 하루 속 행동과 감정을 상상하며 페르소나를 구체화한다.

② 하루 흐름 시간대별 구체화고객의 하루를 아침, 점심, 저녁과 같은 시간대 흐름으로 나누어 바라보는 것은 단순히 노출 타이밍을 맞추기 위함이 아니다. 더 중요한 목적은 각 시간대마다 달라지는 감정의 결을 이해하는 데 있다. 같은 사람이라도 아침과 밤의 감정은 전혀 다르다. 아침에는 해결이 필요하고, 밤에는 이해가 필요하다. 이 차이를 이해하는 순간 브랜드가 개입해야 할 방식

도 달라진다.

아침은 하루를 시작하는 시간이다. 이때 사람들은 오늘 해야 할 일과 부담, 그리고 작은 기대를 함께 안고 움직인다. 머리는 완전히 깨어 있지 않고, 감정은 아직 정리되지 않은 상태다. 그래서 이 시간대에는 복잡한 설명보다 빠르게 이해할 수 있는 메시지, 바로 도움이 되는 정보가 필요하다. 브랜드는 이 순간 '정리해 주는 존재'로 등장할 수 있다.

점심 시간은 하루의 흐름 속에서 잠깐의 여유가 생기는 구간이다. 식사를 하거나, 업무 중간에 숨을 고르거나, 짧게 휴대폰을 들여다보는 시간이 된다. 이때는 아침보다 여유가 있지만 완전히 편안한 상태는 아니다. 그래서 공감과 정보가 적절히 섞인 콘텐츠가 효과적이다. "나만 그런 게 아니구나"라는 감정과 함께, 가볍게 받아들일 수 있는 정보가 자연스럽게 들어간다.

저녁은 하루를 마무리하는 시간이다. 일을 마치고 돌아오거나, 집에서 정리를 하거나, 휴식을 시작하는 흐름 속에 있다. 이때는 이미 하루의 에너지를 많이 사용한 상태이기 때문에 논리적인 설득보다는 감정적인 안정이 중요해진다. 그래서 이 시간대에는 위로, 공감, 또는 가볍게 머무를 수 있는 콘텐츠가 더 잘 받아들여진다. 브랜드는 이 순간 '이해해 주는 존재'로 자리 잡을 수 있다.

③ 시간대별 메시지와 콘텐츠 전략 설계각 시간대에 맞는 콘텐츠 유형과 톤, 전달 방식까지 설계한다. 예를 들어 아침에는 짧고 경쾌한 메시지, 점심에는 공감과 정보 중심, 저녁에는 휴식과 감성 중심의 콘텐츠를 배치할 수 있다.

2) 체크리스트

① 페르소나의 하루를 시간대별로 충분히 구체화했는가?
② 각 시간대별 고객 감정과 상황을 충분히 이해했는가?
③ 브랜드가 개입할 순간과 방식이 명확하게 설계되었는가?

3) 예상 결과

이 과정을 통해 콘텐츠와 메시지가 단순히 노출되는 것이 아니라 고객 일상 속 장면과 자연스럽게 연결된다. 브랜드는 고객의 기억 속에 '하루를 함께하는 존재'로 자리 잡게 되며, 메시지의 효과와 신뢰도가 동시에 강화된다.

3. 브랜드 톤 & 언어 전략

말투와 언어는 단순한 취향이나 감각의 문제가 아니다. 브랜딩에서 말과 글, 톤과 표현은 전략적 도구로 작동한다. 고객과 신뢰를 쌓고, 브랜드를 하나의 일관된 성격으로 인식시키는 핵심 수단이 바로 브랜드 톤 & 언어 전략이다.

톤이 흔들리면 고객은 혼란스러워하고, 메시지는 기억되지 않으며, 브랜드는 '일관되지 않은 존재'로 인식된다. 그래서 톤의 기준이 없으면 콘텐츠가 쌓일수록 브랜드는 선명해지지 않고, 오히려 매번 다른 회사처럼 보이기 시작한다.

1) 실전 가이드

① 톤 설정브랜드가 어떤 성격을 가지고 있는지를 정의한다. 친근한 친구처럼 다가갈 것인지, 전문적인 전문가처럼 신뢰감을 줄 것인지, 솔직하고 유머러스하게 접근할 것인지, 다정하고 배려하는 태도를 유지할 것인지를 명확히 정한다. 이 성격이 곧 브랜드의 '목소리'가 된다.

② 표현 가이드톤을 일관되게 유지하기 위해 허용되는 단어와 금지 단어를 정리하고 감성 표현의 수준과 방식까지 구체화한다. 예를 들어 '재밌다' 대신 '즐거움', '짧고 간결하게' 전달하기, 고객 칭찬에는 어떤 단어를 우선 사용하는지 등 세부 기준을 마련한다.

③ 채널별 톤 가이드SNS, 광고, 고객 응대, PR 등 모든 접점에서 톤이 일관되도록 채널별 가이드를 만든다. SNS에서는 친근한 톤, 광고에서는 설득력 있는 톤, 고객 응대에서는 공감 중심 톤 등, 상황별로 적용 가능한 기준을 설정한다.

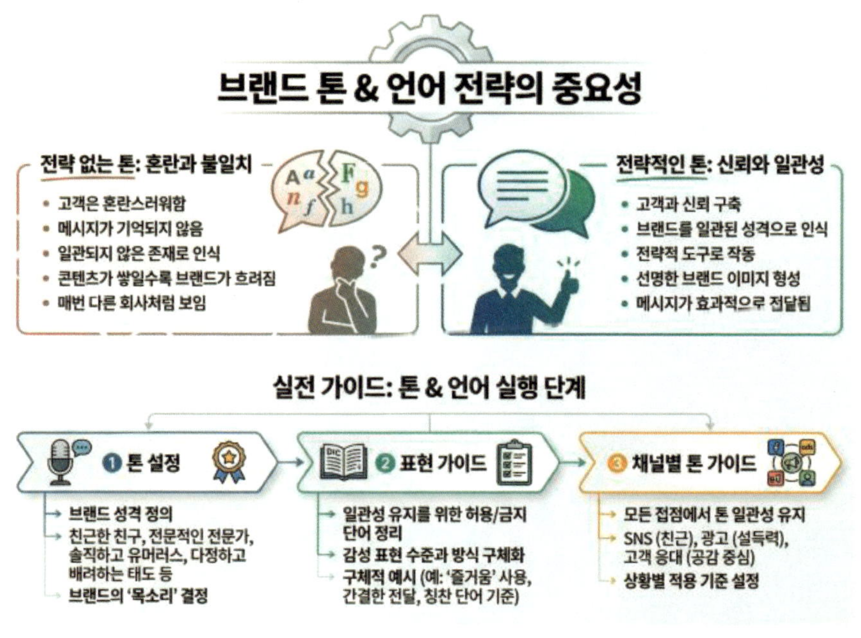

2) 체크리스트

① 브랜드 톤이 명확히 정의되어 있는가?
② 모든 채널에서 톤을 일관되게 적용할 수 있는가?
③ 내부 직원과 외부 파트너가 톤 가이드를 충분히 이해하고 있는가?

3) 예상 결과

브랜드 톤이 전략적으로 설계되고 모든 접점에서 일관되게 적용되면 고객은 브랜드를 하나의 '성격 있는 존재'로 인식하게 단순히 제품이나 서비스를 기억하는 것이 아니라, 브랜드와 함께 느끼는 경험과 감정이 쌓이면서 장기적인 신뢰가 형성된다. 나아가 메시지를 전달할 때마다 고객은 혼란스러워하지 않고, 브랜드가 전달하고자 하는 철학과 가치가 자연스럽게 체감된다.

4. 콘텐츠, SNS, PR 설계

브랜딩은 단순히 로고를 만들거나 광고를 집행하는 활동이 아닙니다. 핵심은 고객과의 관계를 설계하고, 그 관계 속에서 브랜드 경험과 신뢰를 쌓는 데 있다. 단기 매출 중심의 광고만 반복하면 고객은 브랜드를 '일시적인 상품'으로 인식할 뿐, 장기적인 신뢰와 기억은 남지 않는다 따라서 콘텐츠와 마케팅 전략은 브랜드 철학과 기준에 기반하여 설계되어야 한다.

1) 실전 가이드

① SNS 채널 선택브랜드 문장과 철학이 가장 자연스럽게 전달될 수 있는 채널을 중심으로 선택한다. 모든 채널에 무작정 진출하기보다, 핵심 메시지가 분명히 보이는 채널 위주로 운영하는 것이 중요하다. 예를 들어, 비주얼 중심 브랜드라면 인스타그램, 글과 정보 중심이라면 블로그와 뉴스레터가 적합할 수 있다.

② 콘텐츠 카테고리 설계콘텐츠를 단순히 게시하는 것이 아니라, 카테고리를 나누어 전략적으로 설계해야 한다.

정보형 콘텐츠는 고객이 유용하게 활용할 수 있는 팁, 자료, 데이터 등을 제공하여 신뢰를 쌓도록 한다.

공감형 콘텐츠는 고객의 고민, 감정, 경험에 맞춘 메시지를 전달하여 "이 브랜드는 나를 이해하고 있다"는 느낌을 주도록 한다.

경험형 콘텐츠는 브랜드와 함께하는 일상, 제품 사용 경험, 또는 문화적 연결을 보여주어 고객이 브랜드를 자신의 삶과 연결된 존재로 인식하게 만든다.

이렇게 카테고리별로 전략적으로 설계된 콘텐츠는 단순한 노출을 넘어 의미 있는 경험과 기억으로 고객과 브랜드의 관계를 강화한다.

③ PR/입소문 전략광고와 달리 PR은 브랜드가 직접 말하는 것이 아니라, 타인이 해석하고 이야기하게 만드는 구조이다. 보도자료, 인터뷰, 이벤트 등 모든 외부 활동이 브랜드 기준과 철학에 맞게 설계되어야 자연스러운 입소문으로 연결된다.

④ 퍼포먼스 점검단기 성과 지표에만 매몰되지 않는다. 클릭, 전환, 노출 수치도 확인하되, 항상 브랜드 기준과 메시지 일관성을 우선으로 평가한다. 브랜드 철학과 톤이 흔들리지 않고 유지되는 것이 장기적인 성과로 이어진다.

2) 체크리스트

① 모든 콘텐츠가 브랜드 철학과 기준에 일치하는가?
② 채널별 메시지 전략이 명확히 정의되어 있는가?
③ PR, 입소문, 바이럴 구조가 자연스럽게 작동하도록 설계되었는가?

3) 예상 결과

이 과정을 통해 단기적인 매출 증대뿐 아니라 장기적인 고객 신뢰와 관계를 동시에 확보할 수 있다. 고객은 단순히 제품을 기억하는 것이 아니라, 브랜드의 일관된 메시지와 경험을 통해 '익숙하고 신뢰할 수 있는 존재'로 인식하게 된다. 결국, 마케팅 활동 자체가 브랜드 기억을 강화하는 구조로 작동하게 되는 것이다.

5. 브랜딩 기반 마케팅 기획

브랜딩이 정리된 이후, 마케팅은 브랜드 기억과 관계를 강화하는 도구가 된다. 단순한 판매 목표 중심이 아니라 브랜드를 장기적으로 성장시키는 전략이 된다.

1) 단계별 접근법

① 브랜드 기준과 핵심 메시지 확인캠페인이나 광고가 브랜드 철학과 일치하는지 점검한다. 핵심 문장은 마케팅 기획서 최상단에 배치하고, 모든 활동을 이 기준에 맞춰 검토한다.

② 고객 페르소나와 하루 설계 반영고객이 어떤 순간, 어떤 감정 상태에서 콘텐츠를 접하는지를 고려한다. 콘텐츠와 광고 캘린더는 페르소나의 하루 흐름에 맞춰 전략적으로 설계한다.

③ 톤과 언어, 시각적 일관성 확보모든 접점에서 브랜드 성격이 동일하게 전달되는지 확인한다. SNS, 광고, 콘텐츠, PR 등 모든 채널에서 동일한 톤을 적용하며, 예외 상황은 별도로 문서화한다.

④ 콘텐츠 전략과 채널 설계관계 강화형 콘텐츠와 판매 중심 콘텐츠의 비율이 적절한지 검토한다. 콘텐츠 유형별 KPI와 채널별 메시지 우선순위를 고려하고, 단기 지표와 장기 지표를 동시에 점검한다.

⑤ 실행 구조와 내부 관리브랜드 기준이 모든 결정과 활동에 적용되는지 확인한다. 체크리스트와 승인 프로세스를 설계하고, 정기적으로 브랜드 경험을 점검한다.

2) 핵심 포인트

브랜드 기준을 먼저 정하고 메시지를 다듬은 다음 콘텐츠와 채널, 실행 구조 순으로 진행한다. 모든 활동은 반드시 브랜드 철학과 톤에 부합해야 하며, 단기 성과와 장기 성과를 동시에 고려해야 한다.

6. 내부 점검과 지속 관리 구조

브랜딩은 한 번 만들고 끝나는 프로젝트가 아니라, 조직과 의사결정 구조 속에서 지속적으로 관리·점검되어야 하는 체계이다. 브랜드가 성장하고 조직이 커질수록, 구성원마다 판단 기준이 달라지면 브랜드의 메시지와 행동이 흔들리기 쉽다. 하나가 브랜드 경험 전체에 영향을 줄 수 있기 때문에, 성장 이후에는 브랜드 기준을 유지·관리하는 구조가 필수적이다.

1) 실전 가이드

① 내부 합의 문서화브랜드가 흔들리지 않도록 "이럴 때 우리는 어떻게 결정하는가?"를 명확히 문서화한다. 예를 들어, 캠페인 진행, 협업 제안, 이벤트 참여 여부를 결정할 때 기준이 되는 질문과 판단 절차를 기록한다.

② 의사결정 체크리스트모든 활동과 선택이 브랜드 철학과 일관되는지 점검할 수 있는 체크리스트를 만든다. 예를 들어 이 캠페인이 브랜드 철학과 맞는지, 협업 파트너의 가치와 메시지가 브랜드와 충돌하지 않는지, 이벤트나 프로모션이 장기적인 브랜드 신뢰를 훼손하지 않는지를 확인한다.

③ 주기적 점검브랜드 기준과 메시지가 실제 현장에서 일관되게 유지되는지 정기적으로 확인한다. 내부 회의를 통해 사례를 검토하고, 필요시 기준을 업데

이트하여 조직 전체가 동일한 방향을 이해하도록 한다.

2) 체크리스트

① 조직 내 모든 구성원이 브랜드 기준을 정확히 이해하고 있는가?
② 새로운 활동이나 협업에 브랜드 기준을 적용할 수 있는가?
③ 브랜드의 모든 행동과 메시지가 철학과 항상 일치하는가?
3) 예상 결과이 구조를 갖추면 브랜드는 성장 이후에도 일관성을 유지할 수 있다. 단기적인 기회나 변화에 흔들리지 않고, 장기적으로 고객과의 신뢰를 강화하며, 조직 내 모든 결정이 브랜드 철학을 중심으로 이루어지게 된다.

결국, 브랜드가 커져도 기준 있는 선택과 행동을 통해 시장에서 안정적이고 기억되는 존재로 자리 잡게 된다.

에필로그

양이란 이야기 - 브랜드를 만든다는 것

1. 내가 브랜딩을 시작하게 된 이유

처음부터 '브랜딩'을 하겠다는 생각으로 이 일을 시작한 것은 아니었습니다. 저의 시작은 교육 현장이었습니다. 사람을 가르치고, 배움의 구조를 설계하며, 학습이 실제 변화로 이어지도록 만드는 일을 오랫동안 해왔습니다.

약 8년 동안 평생교육시설을 운영하며 교육 기획, 커리큘럼 설계, 강사 운영까지 교육 시스템 전반을 직접 구축했습니다. 그 과정에서 저는 교육의 본질에 대해 한 가지 중요한 사실을 배웠습니다. 교육은 단순히 지식을 전달하는 일이 아니라 사람들이 무엇을 이해하고, 어떻게 기억하며, 결국 어떤 행동으로 이어지게 되는지를 설계하는 과정이라는 점이었습니다.

이 과정에서 저는 자주 한 가지 사실을 느꼈습니다. 사람은 정보만으로 움직이지 않는다는 것입니다. 같은 내용을 배우더라도 어떤 사람은 그것을 자신의 삶에 적용하고, 어떤 사람은 그저 한 번 듣고 지나갑니다. 그 차이는 단순히 내용의 문제가 아니라 어떻게 전달되고, 어떻게 인식되는가에 있었습니다.

이 경험은 이후 제가 마케팅과 브랜드를 바라보는 방식에 큰 영향을 주었습니다. 2021년부터 저는 광고·마케팅 사업을 운영하며 다양한 업종의 소상공인과 초기 창업자들의 온라인 광고 세팅과 기획을 대행하기 시작했습니다. 교육 현장에서 사람의 이해와 행동을 관찰해 왔다면, 마케팅 현장에서는 소비자의 선택과 반응을 직접 확인하게 된 셈입니다.

처음에는 광고 플랫폼과 기술적인 부분에 집중했습니다. 노출, 클릭, 전환, 광고 세팅 구조 등 퍼포먼스를 만드는 요소들을 연구하고 실험했습니다. 그러나 시간이 지나면서 저는 하나의 질문을 반복해서 마주하게 되었습니다.

왜 같은 플랫폼을 사용하고, 비슷한 상품을 판매하며, 유사한 광고 예산을 사용해도 결과는 이렇게 다르게 나타나는 걸까? 이 질문은 단순한 궁금증이 아니라 현장에서 계속 마주했던 현실이었습니다. 어떤 브랜드는 작은 광고 예산으로도 안정적인 반응을 만들어내고, 어떤 브랜드는 훨씬 많은 비용을 쓰고도 기대한 결과를 얻지 못했습니다. 그리고 그 차이는 생각보다 분명했습니다. 광고 기술의 차이가 아니라, 광고 이전 단계에서 브랜드가 얼마나 정리되어 있는가의 차이였습니다.

이 사실을 현장에서 반복해서 확인하면서 저는 점점 더 분명하게 깨닫게 되었습니다. 마케팅의 결과는 광고를 시작한 이후에 만들어지는 것이 아니라, 광고를 시작하기 전 브랜드가 얼마나 정리되어 있는지에서 이미 상당 부분 결정된다는 것을 말입니다.

2. 현장에서 반복해서 본 문제

마케팅 현장에서 가장 많이 보게 되는 장면은 의외로 비슷합니다. 사업을 시작할 때 대부분의 창업자는 "무엇을 팔 것인가"에 대해서는 명확한 답을 가지고 있습니다. 어떤 제품을 만들었는지, 어떤 서비스를 제공하는지, 가격이 얼마인지에 대해서는 분명히 설명할 수 있습니다. 하지만 "왜 고객이 이 브랜드를 선택해야 하는가"라는 질문에는 쉽게 답하지 못하는 경우가 많습니다.

이 질문은 단순한 마케팅 문구의 문제가 아닙니다. 브랜드가 존재하는 이유, 고객에게 어떤 경험을 제공하는지, 그리고 어떤 기준을 가지고 사업을 운영할 것인지에 대한 이야기입니다. 브랜드가 이 질문에 대한 답을 가지고 있지 않으면 마케팅은 점점 '기술' 중심으로 흘러가게 됩니다.

광고 문구를 바꾸고, 이미지를 바꾸고, 노출을 늘리고, 플랫폼을 바꾸고, 새로운 채널을 시도합니다. 그러나 구조가 정리되지 않은 상태에서 이런 시도는 대부분 단기적인 반응으로 끝나는 경우가 많습니다. 노출은 늘어나지만 기억은 남지 않고, 클릭은 발생하지만 신뢰는 쌓이지 않습니다. 판매는 이루어지지만 브랜드는 남지 않습니다.

실제로 광고 성과는 분명히 있었지만 브랜드 인식이 남지 않았던 경험도 있습니다. 한 번은 온라인 광고를 통해 빠르게 매출을 늘리고 싶다는 한 소상공인의 광고 프로젝트를 진행한 적이 있었습니다. 광고 세팅을 정리하고 상품의 장점을 중심으로 메시지를 구성한 뒤 광고를 집행하자 반응은 비교적 빠르게 나타났습니다. 클릭률도 안정적으로 나왔고 실제 구매도 꾸준히 발생했습니다. 표면적으로 보면 성공적인 광고였습니다.

하지만 몇 달이 지나면서 한 가지 문제가 나타나기 시작했습니다. 광고를 잠시 중단하자 매출도 함께 줄어들기 시작한 것입니다. 고객 데이터를 확인해 보니 대부분의 유입이 광고에서 발생하고 있었고 재방문이나 브랜드 검색은 생각보다 많지 않았습니다.

상품은 팔리고 있었지만 브랜드 자체가 기억되고 있는 상황은 아니었습니다. 고객들은 제품의 특징이나 가격은 기억하고 있었지만 어떤 브랜드에서 구매했는지는 선명하게 기억하지 못했습니다.

이 경험을 통해 저는 한 가지 사실을 다시 확인하게 되었습니다. 기억이 없는 판매는 결국 다시 광고에 의존하게 됩니다. 이러한 경험이 반복되면서 저는 한 가지 결론에 도달했습니다. 마케팅의 문제라고 생각했던 많은 상황들이 사실은 '브랜드 구조'의 문제였다는 것입니다.

광고는 사람을 데려오는 역할을 합니다. 하지만 브랜드는 그 사람이 왜 머물러야 하는지를 설명합니다. 광고는 관심을 만들 수 있지만 브랜드는 기억을 만듭니다. 그리고 기억이 없는 브랜드는 결국 다시 광고에 의존하게 됩니다.

3. 이 책을 쓰게 된 이유

이 책은 처음부터 '책을 써야겠다'는 계획으로 시작된 것은 아니었습니다. 강의와 컨설팅을 하면서 비슷한 질문을 반복해서 받게 되었고, 그 질문에 답하는 과정에서 조금씩 구조가 정리되기 시작했습니다.

"브랜딩은 정확히 무엇인가요?" "마케팅과 브랜딩은 무엇이 다른가요?" "광고를 시작하기 전에 무엇을 먼저 해야 하나요?"

이 질문들은 겉으로는 간단해 보이지만 실제로 답하려고 하면 생각보다 많은 설명이 필요합니다. 브랜딩은 로고나 디자인만을 의미하지 않습니다. 마케팅과 광고를 포함한 모든 활동의 기준이 되는 구조입니다. 브랜드가 무엇을 말하고 어떤 경험을 제공하며 어떤 원칙을 지키는지에 대한 이야기입니다.

하지만 현장에서는 브랜딩이 종종 '감각적인 영역'으로만 이야기되기도 합니다. 어떤 사람은 브랜딩을 디자인으로 설명하고, 어떤 사람은 콘텐츠 감각으로 설명합니다. 물론 그런 요소들도 중요합니다. 그러나 그보다 먼저 필요한 것은 '기준'입니다.

브랜드는 감각만이 아니라 기준과 구조 위에서 운영됩니다. 그래서 저는 이 책을 통해 브랜딩을 조금 더 구조적인 언어로 정리해보고 싶었습니다.

브랜드의 철학을 한 문장으로 정리하는 것, 고객의 하루 속에서 브랜드 접점을 설계하는 것, 브랜드 톤과 언어를 정리하는 것, 콘텐츠와 PR을 브랜드 기준에 맞게 설계하는 것. 이 모든 과정은 사실 복잡한 이론이 아니라 현장에서 반복해서 확인된 구조입니다.

실제로 브랜드의 기준을 먼저 정리한 이후 마케팅 결과가 달라졌던 경험도 있었습니다. 한 브랜드는 이미 여러 차례 온라인 광고를 시도해 본 경험이 있었습니다. 광고 문구도 바꾸고 이미지도 바꾸고 다양한 플랫폼을 활용했지만 성과는 안정적으로 유지되지 않았습니다. 광고를 시작하면 반응이 조금 생겼다가 곧 다시 떨어지는 패턴이 반복되고 있었습니다.

그래서 광고 세팅을 다시 하기 전에 한 가지 작업을 먼저 진행했습니다. 브랜드가 고객에게 어떤 경험을 제공하는지, 왜 이 브랜드가 존재하는지, 그리고 어떤 기준을 가지고 사업을 운영하는지를 정리하는 과정이었습니다.

처음에는 이 작업이 마케팅과 직접적인 관련이 있는지 의문을 가지기도 했습니다. 하지만 브랜드의 핵심 문장이 정리되면서 콘텐츠의 방향과 메시지가 자연스럽게 달라지기 시작했습니다.

이후 광고를 다시 집행했을 때 이전과는 다른 변화가 나타났습니다. 단순히 클릭률이 높아진 것만이 아니라 고객 문의의 내용 자체가 달라지기 시작했습니다. 제품 가격이나 할인에 대한 질문보다 브랜드가 제공하는 경험과 가치에 대한 관심이 늘어나기 시작한 것입니다.

광고 기술은 크게 달라지지 않았지만 메시지의 기준이 달라지자 광고의 반응 자체가 달라졌습니다. 이 경험은 저에게 하나의 확신을 주었습니다. 마케팅의 성과를 결정하는 많은 요소는 광고 기술 이전에, 브랜드 구조에서 시작된다는 사실이었습니다.

이 책은 그런 경험을 바탕으로 정리된 하나의 설계서입니다. 잘 보이는 브랜드를 만들기 위한 요령이 아니라, 의도한 대로 인식되고 오래 선택받는 브랜드를 만들기 위한 기준을 담았습니다.

4. 독자에게 남기고 싶은 브랜드 메시지

브랜드에 대해 오랜 시간 현장에서 확인한 사실은 생각보다 단순합니다. 브랜드는 로고가 아닙니다. 브랜드는 광고도 아닙니다. 브랜드는 사람들이 어떤 이름을 들었을 때 떠올리는 이유입니다.

어떤 브랜드는 많은 광고를 하지 않아도 자연스럽게 기억됩니다. 어떤 브랜드는 끊임없이 광고를 하지만 쉽게 잊혀집니다. 그 차이는 제품의 기능이나 가격만으로 설명되기 어렵습니다. 브랜드는 결국 고객의 기억 속에서 만들어지기 때문입니다. 그래서 브랜딩은 단순히 보이기 위한 활동이 아니라 기억되기 위한 설계입니다.

마케팅은 사람을 만나는 방법이고, 브랜드는 그 만남이 어떤 의미로 남을지를 결정합니다. 시간이 지나면서 저는 브랜딩에 대해 몇 가지 기준을 가지게 되었습니다. 브랜드는 기준이 있어야 하고, 일관성이 있어야 하며, 무엇보다 시간이 쌓여야 합니다.

브랜드는 단기간에 완성되는 것이 아니라 선택과 행동이 반복되며 조금씩 만들어집니다. 오늘의 작은 메시지 하나, 하나의 콘텐츠, 하나의 고객 경험이 쌓이며 브랜드는 형태를 갖추게 됩니다.

이 책을 읽는 분들 중에는 이제 막 브랜드를 시작하는 분들도 있을 것이고, 이미 사업을 운영하며 브랜드를 고민하는 분들도 있을 것입니다. 어떤 위치에 있든 한 가지는 분명합니다. 브랜드는 결국 사람과의 관계 속에서 만들어진다는 것입니다.

한 번은 강의 이후 한 창업자가 이런 말을 한 적이 있습니다."요즘 고객들이 광고 보고 왔다고 말하기보다 브랜드 이야기를 먼저 하더라고요.""여기 브랜드 글을 계속 봤어요.""여기 브랜드가 말하는 방식이 좋아요."

그 말을 들었을 때 저는 브랜딩이 작동하기 시작하는 순간이 바로 이런 장면이라고 생각했습니다. 제품이 아니라 브랜드의 태도와 메시지가 기억되기 시작할 때, 브랜드는 비로소 고객의 기억 속에 자리 잡기 시작합니다.

그래서 저는 브랜딩을 이야기할 때마다 이 문장을 떠올립니다. 브랜드는 결국 사람이 기억하는 이유를 만드는 일입니다.

마케팅은 사라지지만 브랜드는 남습니다. 광고는 멈출 수 있지만 브랜드는 계속 기억됩니다. 그리고 결국 브랜드는 신뢰의 다른 이름이 됩니다.

5. 저자 소개

본인은 교육 현장과 마케팅 현장을 동시에 경험하며 브랜드가 어떻게 만들어지고 왜 무너지는지를 실무에서 반복적으로 분석해온 실전형 교육자이자 마케터다.

약 8년간 평생교육시설을 운영하며 교육 기획, 커리큘럼 설계, 강사 운영 등 교육 시스템 전반을 직접 구축했고, 뷰티학사와 교육학 석사를 통해 이론적 기반을 다졌다. 평생교육사 2급 자격을 보유하고 있으며 현재는 NCS 강사로 활동하며 현업과 교육을 연결하는 콘텐츠를 개발하고 있다.

2021년부터는 광고·마케팅 사업을 운영하며 다양한 업종의 소상공인과 초기 창업자들의 온라인 광고 세팅과 기획을 대행해왔다. 이 과정에서 같은 플랫폼과 유사한 광고 예산에서도 결과가 크게 달라지는 이유를 현장에서 반복적으로 확인했다.

그 차이는 광고 기술이 아니라 광고 이전 단계, 즉 브랜드의 정체성과 기준이
정리되어 있는지 여부에서 시작된다는 점이었다.

이러한 경험을 바탕으로 저자는 퍼스널 브랜딩, 이미지 메이킹, 온라인 마케팅
을 하나의 흐름으로 통합한 강의와 컨설팅을 진행하며 창업자들이 실제 현장
에서 겪는 시행착오를 '감각'이 아닌 '구조'로 설명하는 방식에 집중하고 있다.

이 책은 그런 경험을 정리한 결과물이다. 잘 보이는 브랜드가 아니라 오래 선
택받는 브랜드를 만들기 위한 기준을 담고 있다.

최형순 이야기 – 한국에서 창업한다는 것

1. 내가 창업을 하게 된 이유

첫 직장은 국내에서 연봉이 제일 쎈 곳에 취업을 했습니다.
1993년도에 주 5.5일 근무(토요일 격주)에 8시 출근 5시 퇴근, 정말 환상적인 직장이었습니다.

그런데 그곳은 금융 쪽이다 보니 전산직은 하대받는 분위기였죠. 그래서 전산직이 메인이 되는 회사로 옮기게 되었습니다. 그곳이 데이콤이었고 그곳에서 IT 사업에 대해 눈을 뜨게 됩니다.

당시 데이콤은 연봉이 높은 축이었으나 저는 워낙 높은 연봉의 회사에서 이직한 상황이라 연봉이 1000만 원 이상 줄어서 당시 5000만 원이 안 되는 상황이었죠. 그 금액도 많은 연봉이었지만…

그러다가 옆 부서에서 인터넷으로 옷을 파는 사이트를 만든다고 하길래 "잘될까?"라고 생각하면서 지켜봤습니다. 힘들면서도 꾸준히 이어가면서 성장하는 것을 보면서 "그럼 나도 해보자!"라는 생각이 들었습니다.

당시 삼성 SDS에서 사내 벤처 1호로 분사한 회사가 현 Naver였고 2호가 지인이 합류한 제로마켓이었습니다. 데이콤에서는 사내 벤처 1호로 인터파크가 분사되었고 2호가 이니텍이 되었습니다.

"나도 할 수 있다"라는 단순한 의욕에 창업이라는 깃발을 들었습니다.

2. 나의 창업 이야기

그렇게 해서 사업을 시작하게 되었습니다.

나의 첫 번째 사업은 1999년도 역삼동의 골방에서 의기투합한 후배 두 명과 같이 시작하였습니다. 젊은 혈기 하나로 낮에는 기업에서 근무하며, 밤이면 퇴근해서 후배들과 서비스를 개발하였습니다. 인터넷이 시작되는 시점에 너무 빨리 시작한 우리는 서비스 런칭을 한 이후에도 한참 동안 매출 없이 버텼습니다.

아이템 중 하나는 예전 어렸을 때 종이 인형에 옷 갈아입히는 것을 인터넷 게임으로 서비스하는 것이었습니다. 나름 신경 써서 개발하고 런칭하였으나 홍보도 부족했고, 무엇보다도 사람들이 인터넷을 그렇게 활발하게 사용하던 시기가 아니었습니다.

그래서 첫 번째 서비스 모델을 접고 두 번째 서비스 모델을 개발하였습니다. 그 당시 ASP(Application Service Provider)라는 개념이 없을 때 ASP 모델로 개발을 하였습니다. 역시 홍보 부족과 인터넷의 비활성화로 정리할 수밖에 없었습니다.

그래도 간혹 일회성 SI 건들을 하면서 버티다가 1년쯤 되어서 회사를 정리하게 되었습니다. 그때 사업이란 기술만 가지고 되는 것이 아니라, 때가 중요하다는 것을 배웠습니다. 인터넷이 활성화되어 가는 과정에 인터넷 엔터테인먼트 서비스는 시기상조였던 것이죠.

그리고 두 번째 창업은 2002년 월드컵이 한창이던 6월이었습니다. 그때 월드컵 때문에 국내 산업이 거의 움직이지 않는 공황 상황이 되었습니다. 용산의 경제가 40% 이상 멈췄고, 길거리 응원단에 의한 소비성 산업을 제외하고는 제대로 돌아가는 것이 없던 시절이었습니다. 이렇게 몇 달이면 우리나라가 망할 것이라고 생각하면서, 나라도 정신 차리자는 마음으로 시작한 사업이었습니다.

내가 전공한 보안을 골자로 보안 SI 사업을 하였고, 처음에는 나름 매출도 많이 올렸습니다. 2002년 6월 창업해서 그해 13억의 매출을 올렸고, 2003년 35억, 2004년 88억으로 매출도 급성장하며 직원도 30여 명으로 늘어났습니다.

주로 공공기관 입찰을 중심으로 사업을 하였고, 처음에는 협력업체로, 나중에는 주관사업자로 직접 수주하면서 승승장구하였습니다.

한때 하루에 미팅을 13번 한 적도 있었고(이럴 때면 조찬 미팅만 2번 이상을 해야 하더라고요), 저녁 모임을 4번 한 적도 있었습니다. 새벽 4시에 들어와서 1시간 잠들었다가 5시에 다시 출근하는 생활을 3년 하면서 하나도 힘든 줄 모르고 살았습니다.

그런데 기술과 영업만 잘한다고 사업이 잘된다고 생각하면 안 된다는 것을 그때 깨달았습니다. 지인 회사에 서버를 구입하라고 발주를 했는데, 구매 자금이 부족하다고 해서 선지급으로 7억을 해줬습니다. 그런데 그 지인이 납기일에 납기를 하지 않고 잠수를 탔습니다.

사실 그때 회사에 여유 자금이 있어서 그 정도는 손실 처리할 수 있는 금액이 었지만, 30대 초반의 어린 나이에 분을 못 이겨 그 지인 집 앞에서 2개월을 잠복하였습니다.

그런데 잠복이라는 것이 그렇게 힘든 줄 몰랐습니다. 하루 종일 차 안에서 잠도 못 자고, 화장실도 얼른 다녀오면서 버티는 것이 정말 힘들었습니다. 지금도 그때를 생각하면 경찰분들이 정말 대단하다고 생각이 듭니다.

그런데 막상 잡지도 못했지만, 잡더라도 내가 할 수 있는 일이 없더라고요. 잡아서 경찰에게 현행범으로 신고하면 경찰이 올 때까지 잡고 있어야 하는데, 그 사람이 가만히 있겠습니까? 결국 2개월 만에 회사로 복귀하니 회사가 폭삭 망가졌습니다. 프로젝트는 다 망가져서 패널티를 물어내야 했고, 협력업체들은 등을 돌려 같이 일하기 힘든 상황이었습니다.

그래도 살려보려고 여기저기 뛰어다니는데 아버지께서 한 말씀 하십니다. "망하려면 너 혼자 망해라. 그래야 내가 밥이라도 줄 수 있다." 이 말이 정말 냉정하면서도 정확한 판단인데, 그런 말을 하기까지 아버지가 얼마나 망설이셨을지, 그리고 그 말을 받아들일 때의 심정은 정말 표현하기 어렵습니다.

사실 가장 중요한 것 중 하나가 자금인데, 밖에서 1~2억 구해오기는 힘들어도 회사에 넣고 돌아서서 두 발걸음 나서면 직원이 통장에 자금이 없다고 말하더라고요. 그때 참 많은 것을 생각하게 됩니다. 이런 상황에서 멈출 수 있는 결단력은 정말 훌륭한 판단력입니다.

이후 M&A 업계에 들어서면서 많은 기업들을 실사하고 분석하고 인수하여 구조조정 및 신사업을 진행하였고, 매각을 하면서 정말 다양한 사업군에 대한 학습을 하게 되었습니다.

3. 해외사업 진출 했던 이야기

첫 번째 해외 진출은 모 회사 부사장일 때 일본에 전자제품 완제품을 한국에서 제조해서 일본 내에서 판매하는 부분이었습니다. 일본이란 문화는 "상사"의 문화로 유통이 제일 중요한 위치에 서 있게 됩니다. 그리고 일본은 유통 구조에서 건너뛰는 것에 대해서 용서하지 않습니다.

유통 단계가 많아지면 서로 수익이 줄더라도 나 넌걸해서 매술과 수익을 갖고 갈 수 있게 해주는 문화가 많습니다. 간혹 우리나라 기업들이 중간 단계를 넘어가려고 하면서 비즈니스 자체가 없어지는 경우도 가끔 발생하곤 합니다.

두 번째 해외 사업은 필리핀 민다나오 섬에서의 공업사 사업이었습니다. 당시에는 중고 화물차만 합법적이어서 한국에서 중고 트럭을 갖고 가서 수리해서 파는 사업을 하였습니다.

지금도 많은 사람들은 민다나오라는 섬에 대해서 생소하거나 반군이 많은 곳이라 위험한 곳이라고 생각하시는데, 제가 사업할 때 두테르테의 다바오(민다나오 섬의 수도)의 시장으로 강력한 정치를 펼쳐서 마닐라보다 훨씬 안정적이고 평온한 곳이었습니다.

그 당시 필리핀의 여신 금리는 30%대였는데, 중고 트럭을 30%대 이자를 주면 서 사가서 광산에 간다는 말을 듣고 민다나오 꼭대기 수리가오 광산을 가서 현 장을 보았습니다.

동남아는 노천광산이라 포크레인으로 실어주면 항구까지 짧게는 2km, 길게 는 7km를 이동하는 물류 사업으로 단순한 사업입니다. 연비, 인건비 등을 계 산하더라도 대박 나는 사업으로 판단이 되어 트럭 15대와 포크레인 한 대를 갖고 현장에 참여해서 광산 물류 사업으로 확장하였습니다.

그런데 실제 그쪽 사업을 모르면서 이론상으로 접근하면서 운영률, 기타 비용 등으로 생각보다 큰 수익이 나지는 않았습니다.

그 외에도 중국, 베트남, 체코 등 많은 해외 사업을 경험하면서 세계 시장의 어 려운 점과 확장성 등을 경험하였습니다.

4. 창업하고자 하는 분들에 대한 당부

창업은 실전입니다. 그리고 전쟁터입니다. 한 번 해보고 말지라는 생각은 전혀 통하지 않습니다.

중독이 심하고 빠지면 벗어나지 못한다는 도박판에서도 판돈은 테이블 머니 로 올려놓은 금액(추가로 빌리지 않으면)을 손실 보면 끝날 수 있습니다. 하지 만 사업은 여기서 끝이라고 해도 끝내는 것은 어렵습니다.

그렇기 때문에 시작할 때 신중하게 시작해야 하는 것입니다. 주위에서 누가 성공했다는 얘기를 들으면 쉬워 보이지만, 그 사람 뒤에는 성공한 사람 수보다 수십 배, 수백 배 많은 실패한 사람이 있다는 것을 꼭 명심해야 합니다.

절대 쉬운 성공은 없습니다. 몸을 갈아 넣고 모든 인생을 갈아 넣어야 겨우 성공할 수 있는 쿠폰을 받을 수 있습니다. 그 쿠폰도 꽝이 90%인 쿠폰입니다.

창업은 신중하게 결정하십시오. 그리고 창업을 결정했으면 절대 뒤돌아보지 말고 앞만 보고 달려가십시오. 주위에 당신을 도와줄 사람은 아무도 없습니다. 하물며 부모님도 안타까워해 주시겠지만 도와주기 어렵습니다. 아니, 도움받기 어렵습니다.

누군가의 도움이란 것을 생각하지 말고 오로지 본인의 능력으로만, 본인의 노력으로만 버텨내고 나아가야 합니다.

몇 가지 당부를 드리겠습니다.

첫 번째로 일찍 일어나세요.
아침형 인간이라는 것이 꼭 좋은 것만은 아니지만, CEO로서는 필수 사항입니다. 회사에 6시에는 출근해서 자기 시간을 가지십시오. 운동을 하든, 공부를 하든, 신문을 보든 업무 시작 전까지가 본인의 유일한 시간입니다. 업무 시간은 회사를 위해서만 움직여야 하기에 자기만의 시간을 잘 활용해야 합니다.

두 번째로 매일 조금씩이라도 운동을 하십시오.
꼭 헬스클럽을 가라는 얘기가 아닙니다. 10분이라도, 아니 2~3분의 시간이라도 시간이 될 때마다 운동을 하십시오. 가만히 서서 뒤꿈치 들기, 계단 올라갈 때 발 앞쪽으로 올라가기 등 사소한 운동이라도 꼭 실천하십시오. 나중에 몸이 힘들어지면 냉정한 판단을 하기 힘들어집니다.

세 번째로 공부하십시오.
하루에 목표를 정해서 책 1페이지라도 읽으십시오. 책의 종류는 다양하게 읽으셔야 합니다. 처음 창업하는 사람들이 읽는 책들은 대부분 경영서나 자기계발서 등 당장 도움이 될 것처럼 쓰인 책들이지만, 실제로 큰 도움이 되기 위해서는 고전을 포함한 다양한 책을 섭렵해야 합니다. 정독보다는 다독을 하십시오.

네 번째로는 금융공학을 공부하십시오.
왜 레버리지를 일으키고, 리스크 헤징을 어떻게 하고, 외국 자본들이 어떻게 움직이는지를 잘 파악하기 위해서는 금융공학이 중요합니다. 금융공학은 쉬운 부분부터 완벽하게 이해하면서 공부해야 합니다.

위에 언급한 당부의 말들은 가끔씩 다시 읽으면서 이해하고 실천하기 바랍니다.

5. 저자 소개

본인은 공학박사를 취득하였고, 이후 교육학박사, 경영학 박사를 취득하였습니다. 8번의 창업과 3번의 기업 인수 대표이사를 경험하였고, 수십 건의 M&A에 참여하여 인수, 매각, 구조조정, 신사업 추진 등을 진행하였습니다. 또한 다년간 대학교에서 학생들을 가르쳤습니다. 각종 협회 및 학회에서 전문위원, 자문위원 등으로 활동하였으며, 각종 언론에서 컬럼리스트로도 참여하였습니다. 저서로는 국내 최초의 포렌식 서적인 「해커를 잡아라 – 사이버수사관 입문서」 등 5권이 있습니다.